Denkanstöße 2002

P9-AGI-410

SERIE

PIPER

Zu diesem Buch

Mit »Denkanstöße 2002« legt Piper einen neuen Band dieser erfolgreichen Lesebuch-Folge vor. Zusammengestellt aus den aktuellen Sachbüchern und wissenschaftlichen Werken des Verlages, werden neue Erkenntnisse aus den verschiedensten thematischen Bereichen präsentiert. Dieses beliebte Jahrbuch gewährt fundiert und verständlich Einblick in wichtige Themen und Diskussionen aus Wissenschaft und Gesellschaft. Mit Beiträgen aus Medizin, Philosophie, Psychologie, Theologie, Geschichte, Musik und Naturwissenschaften ist der Band auch der Spiegel eines äußerst vielseitigen Verlagsprogramms. Die Autoren sind Wissenschaftler, Künstler und Publizisten von Rang, darunter Karl Jaspers, Hannah Arendt, Ernst Peter Fischer, Hélène Carrère d'Encausse, Harald Eggebrecht und John Gribbin.

Denkanstöße 2002

Ein Lesebuch aus Philosophie, Kultur und Wissenschaft

Herausgegeben von
Angela Hausner

Piper München Zürich

Originalausgabe
September 2001
© 2001 Piper Verlag GmbH, München
Umschlag: Büro Hamburg
Stefanie Oberbeck, Isabel Bünermann
Umschlagabbildung: John Wilkes Studio
Gesamtherstellung: Clausen & Bosse, Leck
Printed in Germany   ISBN 3-492-23368-6

INHALT

Vorwort   7

MUSIKALISCHES SOLO
Harald Eggebrecht: Der Geiger David Oistrach   11

GLAUBEN UND ERKENNEN
Aus Religion und Philosophie

Hans Küng: Zusammenschau der Religionen   27
Reinhard Barth, Friedemann Bedürftig: Die Nachfolger Petri   40
Heinz Zahrnt: Das Zeitliche segnen   46
Karl Jaspers: Was ist Philosophie?   52
Robert C. Solomon, Kathleen M. Higgins: Philosophie in
     Amerika   60

PSYCHOLOGISCHES SOLO
Paul Watzlawick: Kurzzeittherapie   69

FORSCHEN UND ENTDECKEN
Aus den Naturwissenschaften

John und Mary Gribbin: Feynmans Meisterstück   85
Bob Brier: Tutanchamun und die Paläopathologie   93
Ernst Peter Fischer: Die Nobelpreisträgerin
     Dorothy Hodgkin   100
John Gribbin: Wissenschaft in Stichwörtern   111
Sylvia Nasar: John Nash – Genie, Wahnsinn,
     Wiedererwachen   118

ÖKONOMISCHES SOLO
Pino Arlacchi: Der Mensch als Ware   *129*

HANDELN, ERLEBEN, ERLEIDEN
Aus Geschichte und Politik

Heinz Ohff: Preußens Könige   141
Ferdinand Seibt: Protentokrat   149
Hannah Arendt: Die Tage der Wandlung – 28. Juli 1944   157
Carol Ann Lee: Die Verhaftung Anne Franks   162
Hélène Carrère d'Encausse: Lenins geistiger Verfall   171

Die Quellen   185

Die Autoren   188

Vorwort

Informationsflut, Datenstrom, Bücherschwemme – die Fülle des Angebots wird oftmals zum Fluch, der Überblick bleibt auf der Strecke. Damit Sie weder resignieren noch Wissenswertes verpassen, gibt es auch in diesem Jahr eine Orientierungshilfe: die »Denkanstöße 2002« aus dem aktuellen Sachbuchprogramm des Piper Verlages.

Drei große Themenbereiche erwarten Sie: Religion und Philosophie mit Autoren wie Hans Küng, Heinz Zahrnt und Karl Jaspers; die Naturwissenschaften, vertreten unter anderem durch die führenden Köpfe der Paläopathologie und Molekularbiologie; und schließlich die Welt der Politik mit Preußen, Drittem Reich und Lenin als Stichwörtern.

Dazwischen finden Sie als »Solobeiträge« Auszüge, die zwar kein ganzes Gebiet abdecken, es aber nicht verdient haben, deshalb gleich ganz unter den Tisch zu fallen. Oistrachs Geigenspiel, Watzlawicks Kurzzeittherapie und eine Untersuchung moderner Formen der Sklaverei geben Einblick in Aspekte menschlicher Möglichkeiten und menschlicher Probleme.

Sollten Sie nun Lust zum Lesen verspüren, dann ist das Ziel des Vorworts erreicht. Und sollten Sie nach dem Lesen des einen oder anderen Auszugs gar aufs Buch-Ganze gehen wollen – nur zu: Die Vielfalt des Verlagsangebots steht Ihnen offen, als Einladung zum Lesen, zum Denken und zum Verstehen.

Angela Hausner

MUSIKALISCHES SOLO

Harald Eggebrecht
Der Geiger David Oistrach

Überwältigende Elastizität, ein nie greller, immer edler Glanz, Unmittelbarkeit der Phrasierung und Sicherheit der Artikulation, leidenschaftliche Aufmerksamkeit, die jedes Detail beachtet und zugleich das Ganze nie aus dem Sinn verliert, schließlich ein unvergleichlicher Wärmestrom im voluminösen, zugleich immer gefaßten, zu jeder dynamischen Schattierung fähigen Ton – all das zeichnete David Oistrach aus, dessen unwiderstehliches Charisma ohne jede Allüre auskam, dessen enormes Temperament sich nie berserkerhaft austobte, dessen virtuoser Reichtum nie eitel demonstriert wurde.

Bei Oistrach gab es keine Wunderkindkarriere, keine ausgesprochene Jugendphase. Oistrach war die Inkarnation des erwachsenen, souverän gestaltenden Meisters, der unmißverständlich männliche Kraft, väterliche Güte und Strenge zugleich ausstrahlte. Seine stämmig-runde Erscheinung, die jeglichem Gedanken an Teufelsgeigerisches kraß widersprach, vermittelte Sicherheit, Geradlinigkeit, Unerschütterlichkeit. Weltweit breitete sich eine Atmosphäre grenzenlosen Vertrauens im Publikum aus, wenn er auf der Bühne stand. Dieser bei aller Freundlichkeit und Bescheidenheit stolze Mann war ein Bollwerk gegen Exzentrik jeder Art: kein Virtuosenfirlefanz, keine Mimosenhaftigkeit, kein Schwanken zwischen Marotte oder Geniestreich. Bei Oistrach stand unabweisbar die Musik im Zentrum, ob Bach oder Beethoven, Tschaikowski oder Sibelius, Sarasate oder Wieniawski, Bartók oder Schostakowitsch, ob Solokonzert oder Kammermusik.

Ein so unzweideutiges Vorbild, daß er heutige junge Geiger wenig zu faszinieren scheint. In ihren Geigenkästen gibt es Photos von Heifetz, Kreisler, vielleicht von Perlman oder Mutter, aber kaum eins von Oistrach. Den Assoziationen

»reifer Meister, Vater, Lehrer« mangelt es am bengalischen Feuer des Genialen, nie Dagewesenen, Sensationellen. In seinen Worten klingt das aber so: »Lebenskenntnis, Lebenserfahrung und Reife zwingen zu weiterer Vervollkommnung, zur Suche nach neuen Möglichkeiten in der Kunst der Darbietung, zur Überprüfung des bereits Erreichten, zur Lösung neuer Aufgaben. Ohne das kann kein Künstler leben.«

Oistrachs Genie bestand darin, den Geist der jeweils zu spielenden Musik ungetrübt und unmittelbar erscheinen zu lassen. In gewisser Weise war und ist er eine Summe der Geigerei im 20. Jahrhundert: Er versammelte in seinem Spiel technische Perfektion, Schönheit, Größe und Wandelbarkeit des Tons, individuelle Expressivität und Selbstkontrolle, darstellerische Disziplin und Spontaneität. Oistrach erreichte so die Gegenwart jenes Augenblicks, von dem es heißt: »Verweile doch, du bist so schön!«

Beethovens »Frühlingssonate«, die fünfte seiner Sonaten für Pianoforte und Violine, in F-Dur verlangt das alles, damit sie selbstverständlich und klar, gewissermaßen einfach und schön ertönen kann, Musik – ein gelassen, entspannt dahingleitender Fluß, »legatissime e molto cantabile«. Weil Oistrach seine Energie zu hellster Geistesgegenwart läuterte, um auf der Höhe dieser Musik zu sein, sie zu erleben und damit erlebbar zu machen, erklingt die »Frühlingssonate« in der Aufnahme, die Oistrach und Lew Oborin 1962 in Paris machten, ursprünglich und frei. Hier wird nicht aus dem Bauch heraus gespielt, nicht einem sogenannten musikantischen Instinkt gefolgt, sondern hier sind zwei Musiker am Werk, für die Sinnlichkeit und Perfektion ihres Spiels nur Bedingungen sind, damit der Geist dieser Beethovenschen Musik entstehen kann. Selbst Münchens damals größten Saal, den akustisch und ästhetisch unwirtlichen Kongreßsaal – heute umgebaut zum Forum der Technik –, durchdrang und verzauberte Oistrach 1969 mit dem Anfang der »Frühlingssonate«, als gebe es keine äußeren Umstände, die die Musik beeinträchtigen könnten.

Oistrach wurde 1908 in Odessa als Sohn eines Angestellten und einer Opernchorsängerin geboren. Mit dreieinhalb Jahren bekam der kleine David eine Spielzeuggeige geschenkt: »Ich stellte mir genußvoll vor, ein Straßenmusikant zu sein, ein trister Beruf, der in jener Zeit in Odessa sehr verbreitet war. Mir aber schien, daß es kein größeres Glück geben könne, als mit der Geige durch die Höfe zu ziehen.« Zwei Jahre später begann Oistrach auf einem richtigen Instrument. Einerseits ging er im Musikunterricht auf und liebte es, mit in den Orchestergraben der Oper genommen zu werden, wo der Kleine sich neben den Dirigenten stellte. Andrerseits hatte er begreifliche Ressentiments gegen das Üben und schnitt schon mal zum Ärger von Eltern und Lehrer die Saiten seiner Geige durch, meist zum Wochenende, damit keine neuen mehr besorgt werden konnten. Mit der Drohung, ihn nicht mehr in die Oper mitzunehmen, gelang es Mutter Oistrach, den rebellischen Sohn zu disziplinieren.

David kam zu Pjotr Stoljarski, dem bedeutendsten Violinlehrer in Odessa. Stoljarski spielte auch im Opernorchester und hatte dort den musikbegeisterten Knaben stehen sehen. Seine Nase für Talente wurde bestätigt: Oistrach wurde Stoljarskis bester Schüler. Zum Unterricht gehörten auch das Erlernen der Bratsche sowie Teilnahme an Kammermusik und Orchesterspiel. Zahlreiche Schulkonzerte minderten das Lampenfieber. Stoljarski, der auch den ungestümen Nathan Milstein zur Konzertreife geführt hatte, bildete David kontinuierlich und umfassend aus in einer Zeit, in der Odessa schwer unter dem Ersten Weltkrieg und den nach der Revolution 1917 einsetzenden Bürgerkriegswirren litt. Allein in den ersten drei Monaten nach dem Oktober 1917 wechselte die Regierungsgewalt 14 mal. Erst ab 1920, mit der endgültigen Etablierung des Sowjetsystems, minderten sich die Leiden der Bevölkerung in Odessa.

Mit 15 Jahren trat Oistrach, jetzt schon Konservatoriumsstudent, zum erstenmal mit Orchester auf, ein Jahr später, 1924, gab er seinen ersten Soloabend mit Bachs a-Moll-Violinkonzert, Tartinis »Teufelstrillersonate«, Sarasates »Zigeunerweisen« und allerlei Virtuosenstücken. Wieder zwei Jahre später schloß Oistrach das Konservatorium mit Erfolg ab. Neben Bach, Tartini und Rubinschtein wählte der 18jährige ein zeitgenössisches Stück, Prokofjews erstes Violinkonzert, 1917 vollendet. Charakteristisch für Oistrach, der sich von Beginn an nicht als Virtuose, sondern als Musiker im umfassenden Sinn verstand.

Die erste Begegnung zwischen Prokofjew und dem gerade 18jährigen Oistrach verlief unglücklich. David sollte zu Ehren des Komponisten bei dessen Besuch in Odessa das Scherzo aus dem ersten Violinkonzert vortragen. Aber Prokofjew war entsetzt. Noch auf dem Podium vor Publikum herrschte er Oistrach an: »Junger Mann, Sie spielen grundverkehrt!« und erläuterte dem Erschrockenen die Prinzipien seiner Musik. Seit den 30er Jahren waren die beiden dann befreundet, Oistrach spielte die Uraufführung der beiden Violinsonaten, deren Violinparts er auch hatte redigieren dürfen und die ihm gewidmet sind.

1920 hatte Prokofjew fünf Melodien ohne Text op. 35 für Gesangsstimme und Klavier geschrieben, die er 1925 für den polnischen Geiger Pawel Kochański umarbeitete. Diese Violinfassung lernte der junge David, noch bevor es zur eben beschriebenen prekären Begegnung kam. Er hat sie zeitlebens im Repertoire gehabt. Bei einem Konzert in Prag 1969 gelangen Oistrach mit seiner langjährigen Begleiterin Frieda Bauer besonders die letzten drei Stücke des kleinen Zyklus: *Animato, ma non allegro, Allegretto leggero e scherzando* und *Andante non troppo*. Selbstverständliche und schlichte Violinkunst, hinter der aber die Erfahrung und Intensität eines ganzen Solistenlebens stecken.

Auch die Odessaer Kritiker bemerkten von Anfang an, daß dieser Geiger bei aller technischen Brillanz, bei aller Energie seines weithin tragenden Tons stets auf den Geist der Musik zielte. Nach wachsendem Erfolg in der ukrainischen Provinz luden Alexandr Glasunow und der Dirigent Nikolai Malko Oistrach nach Leningrad ein. Oistrach überzeugte das Großstadtpublikum und siedelte 1928 von Odessa nach

Moskau um. Er war seit dem Konservatoriumsabschluß gewissermaßen sich selbst überlassen und lernte jetzt die Möglichkeiten der Großstadt kennen. Hier traten Joseph Szigeti und Fritz Kreisler auf, Béla Bartók gab Klavierabende, von der russischen Pianistenschule ganz zu schweigen. Dazu Oper, Theater, Kino, Bibliotheken. Der junge Violinist bildete sich vielfältig, übte an seiner Vervollkommnung und konzertierte in allen Städten der Sowjetunion.

1930 begann der wirkliche Aufstieg: erster Preis im ukrainischen Wettbewerb von Charkow, 1935 Sieger im Allunionswettbewerb, Schostakowitsch war von der »ungeheuren Leichtigkeit« dieses Spiels fasziniert, nach seinen Worten wußte jeder im Saal, »daß er der Geburt eines Meisters beiwohnte«.

Noch im selben Jahr trat Oistrach in Warschau beim Wieniawski-Wettbewerb an, zum erstenmal war er im Ausland, zum erstenmal sollte er sich ausländischen Geigern stellen, er bebte vor Lampenfieber. Am Ende wurde der 26jährige der glänzendste zweite, der sich denken läßt, nur geschlagen von einer erst 16 Jahre alten Ausnahmeerscheinung aus Frankreich: Ginette Neveu, deren Begabung auch Oistrach vorbehaltlos anerkannte. Umgekehrt schrieb ihm die Französin, sie erzähle zu Hause allen, was für ein »überragendes Talent Sie sind«.

1934 wurde er Dozent am Moskauer Konservatorium, 1938 Professor, seit 1950 leitete er die Violinabteilung, aus der so großartige Schüler wie der Sohn Igor Oistrach, Waleri Klimow, Viktor Pikaisen, Liana Issakadse, Oleg Kagan und Gidon Kremer hervorgingen, um nur die berühmtesten zu nennen. 1937 entschied sich Oistrachs Karriere endgültig, er gewann den Ysaye-Wettbewerb in Brüssel vor einer Jury, in der unter anderen Carl Flesch, Jacques Thibaud, Joseph Szigeti, Georg Kulenkampff und Mathieu Crickboom saßen. Zweiter wurde Ricardo Odnoposoff.

Zum Pflichtprogramm in Brüssel gehörten selbstverständlich die sechs Solosonaten von Eugène Ysaye. Jedes dieser höchst eigentümlichen Stücke ist dem musikalischen Charakter eines großen Kollegen Ysayes gewidmet. Oistrach trug während des Wettbewerbs die vierte Sonate vor, die Kreisler zugeeignet ist. Aus den frühen fünfziger Jahren stammt eine Aufnahme mit der bekanntesten Sonate des Zyklus: der dritten für George Enescu. Das Stück ist einsätzig, eine wie improvisiert wirkende Ballade. Auf das lauernde Brüten der Introduktion, die sich erst allmählich ins Hellere aufschwingt, folgt das leidenschaftlich expansive Thema. Oistrach formuliert nicht nur das fahl Suchende des *Lento molto sostenuto* der Einleitung breit und mit größter Ausdrucksdichte aus, er riskiert auch für das *Allegro in tempo giusto e con bravura* ein so gezügeltes Tempo, das die heroische Geste und die schmerzliche Gezacktheit des Themas geradezu monumental erscheinen können. Was gern als kraftzehrende Zugabe in den Saal gewuchtet wird, dem gibt Oistrach die Würde großer Musik zurück. Zu Recht, denn Ysaye beschwört mit unvergleichbarer klanglicher und formaler Originalität den Geist Enescus aus dem Geist des Instruments.

Der Erfolg von Brüssel zog eine Konzertserie in belgischen und holländischen Städten nach sich. Aber auch in Paris trat er auf und in der sowjetischen Botschaft in London. Oistrach wurde einhellig gefeiert. Doch der Krieg verhinderte fürs erste die Weltkarriere. Oistrach spielte bis zur Erschöpfung im umkämpften Moskau, aber auch im belagerten Leningrad, in Swerdlowsk, Tscheljabinsk, Magnitogorsk und anderen Städten. Dazu nahezu täglich Rundfunkauftritte. In den ersten Kriegsjahren gründete er mit dem Pianisten Oborin und dem Cellisten Swjatoslaw Knuschewizki ein dann legendäres Trio.

Wie Oistrach Mitte der 40er Jahre spielte, belegt eine Aufnahme des Violinkonzerts D-Dur von Aram Chatschaturjan, 1940 komponiert und Oistrach gewidmet. Chatschaturjan, 1903 in Tiflis geboren, 1978 in Moskau gestorben, studierte erst Violoncello, dann Komposition bei Nikolai Mjaskowski. In den 40er bis 60er Jahren galt er als der dritte große sowjetische Komponist neben Prokofjew und Scho-

16

stakowitsch. Doch seine attraktiv-gefällige, häufig frisch-reißerische, von armenischer Folklore geprägte Musik hat inzwischen ihren Kredit relativ eingebüßt. Oistrach arbeitete an der Entstehung des Violinkonzerts mit, regte den Komponisten zu Korrekturen am Solopart an und schrieb später auch eine eigene Kadenz dazu. Der Gefahr, sich von der Süffigkeit und Eingängigkeit dieser effektvollen Musik distanzlos mitreißen zu lassen, setzte Oistrach seine Seriosität, seinen Witz und die Noblesse seines gegen jede Aufdringlichkeit immunen Tons entgegen. Vor allem im zweiten Satz, Andante sostenuto, der leicht in reine Sentimentalität und sogar in Süßlichkeit geraten kann, vermochte Oistrach mit einer einzigartigen Mischung aus Hingabe und Kontrolle den Ernst und die verzehrende Sehnsucht dieser Musik darzustellen. Sein Ton leuchtet in geradezu südlichem Feuer, er zieht den Satz als eine riesige, sich stetig steigernde Gesangslinie auf. Niemals verfällt Oistrach, bei der Aufnahme mit dem staatlichen Orchester der UdSSR unter Alexandr Gauk 36 Jahre alt, in ein nur mechanisches Vibrato, niemals forciert er die Klangpracht seines Tons. So wird dieses farbenreiche Andante sostenuto aus Chatschaturjans Violinkonzert zu einer Demonstration makellosen, freien, stets seiner Kraft und seines Glanzes bewußten Geigens und Musizierens.

Nach Kriegsende ging Oistrach sofort wieder auf Tournee durch Bulgarien, Jugoslawien, die Tschechoslowakei, Rumänien und Österreich. 1954 eroberte er Südamerika und England und gastierte zum erstenmal in der Bundesrepublik, 1955 in Japan und dann in den USA. Oistrachs Debüt in der New Yorker Carnegie Hall fand mittags statt, am Morgen trat Mischa Elman auf, der um 1900 als erster den Weltruhm der russisch-jüdischen Violinisten begründet hatte. Das Abendkonzert nach Oistrach gab Nathan Milstein. Was für ein Rahmen, was für ein geradezu furchtbarer Anspruch an den Debütanten! Oistrach siegte souverän. Bei seinem zweiten Auftritt, ein paar Tage später, saß sozusagen alles, was an der Ostküste Geige spielen konnte, im Parkett: Kreisler und Elman, Zino Francescatti und Milstein, Samuel Dushkin, für den Strawinsky sein Violinkonzert komponiert hat, und Isaac Stern, außerdem der Bratscher William Primrose, der Dirigent Pierre Monteux, die Sopranistin Elisabeth Schwarzkopf und der Baß Paul Robeson. Spätestens nach diesem Konzert galt Oistrach nicht nur als einer der bedeutendsten Geiger, sondern als einer der größten Musiker des Jahrhunderts.

Auf dieser Amerikatournee spielte Oistrach auch das erste Violinkonzert a-Moll von Schostakowitsch, das er im selben Jahr 1955 in Leningrad gerade uraufgeführt hatte. Ein Wagnis, auf einer Debütreise einem eher konservativen Publikum ein so neutönendes Werk zu bieten. Aber Oistrach blieb sich treu, jeder Routine auszuweichen. Die New Yorker Philharmoniker unter Dimitri Mitropoulos machten mit ihm diese amerikanische Erstaufführung, von der es zum Glück einen Rundfunkmitschnitt gibt, zu einem epochalen Ereignis.

Schostakowitsch hatte Oistrach schon Mitte der 30er Jahre kennengelernt, daraus entwickelte sich allmählich eine immer engere Freundschaft. Schostakowitsch spielte David Oistrach und dessen Sohn Igor 1948 die erste Fassung dieses gloriosen Stückes vor, gab es aber erst nach intensiver Umarbeitung 1955 frei. Nach mehr als einem Dutzend Proben im Beisein des Komponisten gelang Oistrach, dem Schostakowitsch die Komposition widmete, und den Leningrader Philharmonikern unter Jewgeni Mrawinski eine nach allen Zeugenberichten bewegende Uraufführung.

Doch das Fieber, die nervenzerfetzende Spannung, die über der New Yorker Aufführung lagen (und sich sogar über die Aufnahme direkt mitteilen), als diese Musik eines als Stalinisten verleumdeten Komponisten in der Carnegie Hall ertönte, gespielt vom bedeutendsten Geiger des Erzgegners, waren einmalig. Dabei hatte sich der impulsive Mitropoulos mit seinen New Yorker Philharmonikern gewiß nicht mit jener Probenzahl in die schwierige Partitur eingearbeitet wie der für seine unerbittliche Gründlichkeit bekannte Mrawinski mit seinen Leningradern. Dementsprechend wackelte manches bei den Amerikanern, auch sind Intonationsprobleme der Bläser nicht zu überhören. Aber der Geist, der diese Aufführung beseelte und beflügelte, war übermächtig und ließ niemanden los. Schon nach dem Scherzo riß es das Publikum zu spontanem Beifall hin.

Das viersätzige Werk beginnt mit einem düsteren, sich grimmig aufschwingenden Nocturno. Oistrach spielte das mit einer unerhörten Nervigkeit, die kein Nachlassen in Ton und Konzentration kennt, es ist eine unmißverständlich bittere, zehrende Klage bis zum Schrei hin. Dann folgt ein knappes, rhythmisch für Orchester und Solist vertracktes, sarkastisches Scherzo. Oistrach zügelte herrisch das Tempo, um jede rhythmische Finesse mit sozusagen böser Lust auszukosten. Der Satz droht zu explodieren. Die sich mächtig entfaltende anschließende Passacaglia kulminiert in einer 119 Takte langen Solokadenz, von der es unmittelbar in die rasende Finalburleske geht. Daß Schostakowitsch mit den unerschöpflichen geistigen und physisch-technischen Möglichkeiten Oistrachs rechnete, mit seiner Fähigkeit, auch größtformatige musikalische Zusammenhänge in einem Bogen zu spannen, vermittelt die Solokadenz. Der Solist muß hier rückhaltlos alles geben. Der langsame, fast quälende Anstieg führt die Geige in immer erregtere Ekstase, es ist ein monumentaler, nahezu exhibitionistischer Monolog, der sich dann in verzweifelter Ironie in die Schlußburleske stürzt.

Die ungeheuren Dimensionen dieses phänomenalen Stükkes finden ihre Entsprechung in Oistrachs gestalterischer Souveränität, seinem unwiderstehlichen Darstellungswillen, seiner tonlichen und musikalischen Kraft. Trotz aller Exaltiertheit, aller schmerzvollen Dramatik wird sein Spiel niemals ruppig oder brutal. Die Ausdrucksintensität, die Unbedingtheit dieser musikalischen Sprache vermochte Oistrach so reich auszuformulieren, so vielfältig zu artikulieren und so mit der Macht emotionaler Hingabe zu erfüllen, daß nur dankbares Staunen bleibt. Auch das zweite Violinkonzert von 1967 und die Violinsonate von 1968 hat Schostakowitsch für Oistrach geschrieben.

Oistrach sollte bei seinen Welttourneen nach dem Willen der sowjetischen Machthaber immer auch Repräsentant für die Musikausbildung der Sowjetunion sein, Vertreter eines siegreichen Systems. Oistrach, Mitglied der kommunistischen Partei seit den frühen Kriegsjahren, verdeutlichte aber etwas ganz anderes, und dafür wurde er überall bewundert und gefeiert: die Einmaligkeit musikalischen Erlebens. Daß er als der Meister für die russischen Komponisten angesehen wurde, versteht sich von selbst. Auch für die Konzerte von Brahms und Sibelius galt er als der ideale Spieler. Wo andere Mühe hatten, sich gegen die Orchesterfluten durchzusetzen, da konnte Oistrach die ganze Fülle seines machtvollen Tons entfalten. Wo andere mit forciertem Bogendruck der Geige fast Gewalt antun, gewann Oistrach durch sein unübertreffliches Legatospiel die Klanghoheit in den Sälen der Welt. Kein anderer Geiger konnte das Gewicht des Armes so weich und dennoch kraftvoll durch Bogenzug und -schub auf die Saiten übertragen wie Oistrach.

Obwohl Oistrach seinen Ton den verschiedensten Individual- und Epochenstilen ungemein flexibel anpassen konnte, wurden seine Auseinandersetzungen mit barocker und Wiener klassischer Musik kritisiert: er romantisiere Beethoven, verdicke Mozart, habe zu Bach kein wirkliches Verhältnis. Tatsächlich hat Oistrach die Charakteristika seines Geigens nie verleugnet. Selbstverständlich klang Bach oder Mozart bei ihm nicht nach historischer Aufführungspraxis. Aber wie wunderbar elastisch und sinnlich Mozart tönt, wenn die Feinheit der Tongebung, die Präzision der Artikulation, die Qualität der Register aus einer Position der Kraft gewonnen werden, dokumentiert eine Aufnahme von 1965. Oistrach spielt da mit dem Orchestre des Concerts Lamoureux unter Bernard Haitink Mozarts erstes Violinkonzert B-Dur, 1775 entstanden. Vor allem der Kopfsatz, Allegro moderato, erscheint so lebendig und frisch, als sei er eben erst komponiert worden. Oistrach läßt sich nicht einschüchtern, sondern läßt mit silbrig leuchtendem Diskant, sonorer, aber schlanker Tiefe und Mittellage Mozarts Can-

tabile nicht kurzatmig verhungern. Und die Geläufigkeits-
passagen opfert er nicht der problematischen Stakkatoästhe-
tik vermeintlicher Authentizität. So elegant und überlegen
Oistrach Mozart verlebendigt, so eckig, ja, manchmal grob
begleitet leider das Orchester.

Anfang der 60er Jahre begann Oistrach neben seinen zahl-
losen Soloverpflichtungen auf nahezu ununterbrochenen
Tourneen rund um die Welt, neben seiner intensiven Arbeit
als Lehrer am Konservatorium, mit dem Dirigieren. Oistrachs unzähmbare Arbeitslust und -wut wurde also noch
einmal gesteigert. Aber 1964 erlitt er den ersten schweren
Herzanfall, der den Unermüdlichen zu langer Pause zwang.
Aus der ganzen Welt kamen Genesungswünsche, darunter
von Pablo Casals, Yehudi Menuhin, Darius Milhaud. Doch
Oistrach vermochte, aller Einsicht zum Trotz und voller
Sehnsucht nach einem ruhigeren Leben, sein Pensum nicht
einzuschränken, 1966 traf ihn der zweite Herzanfall, diesmal
in London, und 1973 lag er wieder monatelang in der Klinik.
Das Herzleiden verließ diesen scheinbar herkulisch starken
Mann nicht mehr, der in seinen letzten Briefen die Fron und
die brutalen Zwänge hinter den Erfolgen beschrieb: »Ich
habe in meinem Leben immer sehr viel arbeiten müssen …
Fühle mich schlecht, völlig übermüdet. Die Reisen werden
unerträglich. Die Sehnsucht nach einem eigenen Winkel
macht jede Reise zur Qual … Wir leben in einem schweren,
schier unerträglichen Tempo.« In der Nacht vom 23. zum
24. Oktober 1974 ereilte Oistrach in Amsterdam nach einem
triumphalen Konzert als Dirigent des Concertgebouw Or-
kest im Hotel der Tod.

Obwohl Oistrach seinen sieben Jahre jüngeren Landsmann
Swjatoslaw Richter schon als Kind in Odessa kannte und
später den Aufstieg dieses, das Wort sei erlaubt, titanischen
Pianisten begeistert miterlebte, trafen die beiden erst Ende
der 60er Jahre, nach dem Tod von Oistrachs ständigem Partner Oborin, zu gemeinsamem Musizieren zusammen. 1967

spielten sie zum erstenmal öffentlich auf Richters Musikfestival in der Touraine. Ein Jahr später traten sie im Großen Saal des Moskauer Konservatoriums anläßlich des 60. Geburtstags von Oistrach auf.

Als Schlußstück des Programms wählten sie die Violinsonate A-Dur von Franck, die dieser 1886 für Eugène Ysaye geschrieben hatte. Wollte man jemandem, der noch nie etwas von Oistrach gehört hat, ein Tondokument vorführen, das etwas von der unvergleichlichen Kunst dieses Meisters – wie schemenhaft auch immer – vermitteln kann, dann sollte man zum Live-Mitschnitt dieses Konzerts greifen. An jenem Moskauer Abend 1968 gelang eine Aufführung der Franck-Sonate, die nicht nur dieses geniale Werk in seiner ganzen Vitalität und Schönheit erstrahlen ließ, sondern zugleich zeigte, was es heißt, wenn zwei Musiker höchsten Ranges wirklich nichts anderes tun, als miteinander Musik zu machen. Mit dem ersten Akkord des Klaviers und dem ersten Einsatz der Violine breitete sich ein unglaublicher Zauber aus, der Zauber des spontanen Dialogs zweier hochgespannter Künstlerseelen. Einwürfe, Fragen, Antworten, Zustimmungen, rauschhafte Steigerungen, kühne Einfälle, meditatives Innehalten und triumphierendes Miteinander – Francks Sonate, neu erschaffen aus dem Augenblick eines sich an diesen Schöpfungsvorgang inspirierenden Zusammenspiels ohnegleichen.

Das Finale dieser zyklisch gebauten Sonate, die sich aus einem Kernmotiv entwickelt, steigert sich in einen mitreißenden Rausch. Beide Instrumente feuern sich gegenseitig an, jagen einander, um dann am Höhepunkt zu einem unerhört weiten Bogen anzusetzen. Es ist, als öffne ein riesiger Vogel seine Schwingen zum Flug. Niemand außer Oistrach besaß für diesen Flug die richtige Spannweite und die hier geforderte Legatokraft. Es ist, als habe der Meister einen doppelt so langen Bogen wie alle anderen. Und Richter fliegt begeistert und begeisternd mit.

Die Einmaligkeit und die historische Bedeutung Oistrachs, auch für die Zukunft, hat einer seiner größten Vorgänger in nüchterne Worte gefaßt, Fritz Kreisler: »Oistrach hat eine Eigenschaft, die vielen abgeht. Er spielt nicht zu schnell. Heute ist das etwas Seltenes. Wir leben in einer Zeit des Geldes und der Kraft, der Gewalt und vor allem des Tempos.«

GLAUBEN UND ERKENNEN

Aus Religion und Philosophie

Hans Küng
Zusammenschau der Religionen

Unüberschaubar, unermeßlich scheint diese Welt der Religionen zu sein ...

Doch: Es lassen sich auf unserem Globus drei große Stromsysteme unterscheiden:

- die Religionen indischer Herkunft: Hinduismus und Buddhismus,
- die Religionen chinesischer Herkunft: Konfuzianismus und Daoismus,
- die Religionen nahöstlicher Herkunft: Judentum, Christentum und Islam.

Für die ersten ist der Mystiker, für die zweiten der Weise, für die dritten der Prophet die Leitfigur. Bei all diesen Überschneidungen und Überlappungen unterscheidet man deshalb zu Recht zwischen indisch-mystischen, chinesisch-weisheitlichen und semitisch-prophetischen Religionen. Dazu kommen die Stammesreligionen, die – kaum über Schrift-Aufzeichnungen verfügend – gewissermaßen den Wurzelboden für alle Religionen bilden und in verschiedenen Regionen der Welt fortbestehen.

Unbewegt, stillstehend, statisch scheint diese Welt der Religionen zu sein ...

Doch: Alle großen Religionen haben im Lauf der Jahrtausende nicht nur eine organische Entwicklung, sondern mehr oder weniger deutlich feststellbare Umbrüche, Krisen und Neuformungen durchgemacht, mehrere epochale Paradigmenwechsel. Alle diese Religionen haben ihre Ursprungszeit, ihre Frühform, ihre »mittelalterliche« Ausgestaltung und ihre Umgestaltung in der Konfrontation mit der Moderne. Und sie alle stehen heute mitten im Übergang zu einer neuen Weltepoche, die man »nachmodern« oder wie immer sonst nennen mag. Ihre Zukunft im dritten Millennium ist kaum vorauszusagen. Wir leben in einer spannenden Übergangszeit mit ebenso vielen Befürchtungen wie Hoffnungen.

Unstimmig, widersprüchlich scheint die Welt der Religionen zu sein ...

Doch: Es lassen sich bei allen nicht zu unterschätzenden Unterschieden und Verschiedenheiten in Glauben, Lehre und Ritus auch Ähnlichkeiten, Konvergenzen und Übereinstimmungen feststellen. Nicht nur weil Menschen in allen Kulturkreisen vor dieselben großen Fragen gestellt sind: die Urfragen nach dem Woher und Wohin von Welt und Mensch, nach der Bewältigung von Leid und Schuld, nach den Maßstäben des Lebens und Handelns, dem Sinn von Leben und Sterben. Sondern auch weil die Menschen in den verschiedenen Kulturkreisen von ihren Religionen vielfach ähnliche Antworten erhalten. Sind doch alle Religionen zugleich Heilsbotschaft und Heilsweg. Vermitteln doch alle Religionen eine gläubige Lebenssicht, Lebenseinstellung und Lebensart.

Aber wird es denn überhaupt möglich sein, auf verhältnismäßig wenigen Seiten diese riesige, komplexe Welt der Religionen einzufangen? Zu erzählen, zu beschreiben, zu erklären alles das, was sich da in den vielen Jahrtausenden herausgebildet hat? Nein, eine »Geschichte der Religionen« wollte ich nicht schreiben; dafür gibt es zahllose, oft vielbändige Werke von hervorragenden Spezialisten, die ich immer wieder konsultiert und in früheren Werken in reichem Maß zitiert habe, wozu dieses Buch jedoch nicht der Ort ist. Aber eine Zusammenschau der Religionen, heute dringend erfordert, will ich sehr wohl bieten. Und darauf habe ich mich durch viele Jahrzehnte hindurch vorbereitet. In der Tat ist ein ganzes Leben in dieses Buch eingeflossen, und an dessen Schluß habe ich die lange Entstehungsgeschichte sowohl des Buches wie der Fernsehserie ein klein wenig nachzuzeichnen versucht.

Von Anfang an sollte deutlich sein, was dieses Buch sein will und was es nicht sein will:

– Es ist keine bloße Reportage, die schlicht schildert, wie sich heute die Lage der Religionen in den verschiedenen Ländern darstellt. Wohl aber ist unser Buch eine aktuelle Darstellung, die bei jeder Religion von der Gegenwart ausgeht, diese auf dem Weg durch die Jahrhunderte ständig vor Augen hat und am Schluß wieder zur Gegenwart zurückkehrt.

– Es ist aber auch keine umfassende Geschichtsschreibung, die gar neueste Forschungsergebnisse bieten möchte. Wohl aber ist unser Buch eine historisch-systematische Gesamtschau, bei der auf engstem Raum bei jeder Weltreligion die geschichtlichen Epochen gesichtet und deren große Paradigmen und Paradigmenwechsel analysiert werden. Denn nur aus den Konstellationen der Vergangenheit heraus, die sich vielfach nebeneinander durchhalten, läßt sich die Gegenwart verstehen.

Es ist denn ein Buch zu den Religionen entstanden, das in Text wie Bild möglichst sachlich zu sein versucht. Zu dieser Sachlichkeit gehört eine ganzheitliche Methode. Deshalb sollten soweit wie möglich und notwendig die sozialen, politischen, geschichtlichen Zusammenhänge jeder Religion zur Sprache gebracht werden; Religionen, bei denen man schon viele Kenntnisse voraussetzen kann (zum Beispiel Christentum), konnten knapper dargestellt werden als bei uns weniger bekannte (zum Beispiel indische und chinesische Religion). Ein Sachbuch also, das aber nicht »neutral« berichtet, sondern in einer ganz bestimmten Richtung engagiert ist. Ja, es sind sogar 37 sehr persönliche Statements wiedergegeben, wie ich sie an den verschiedenen »Schauplätzen« der Religionen vor Ort zwar wohlvorbereitet, aber doch unter dem Eindruck des augenblicklichen Erlebens, manchmal unter schwierigen Umständen und in ungefeilter Sprache abgegeben habe.

Mit diesem Projekt ist mir denn die ungeheure Chance geboten worden, überall in der Welt in der vieltausendjährigen Geschichte der Religionen nach Spuren zu suchen: Spuren, die zum Frieden führen, Spuren, die zu einem menschenwürdigeren Leben helfen können: Spuren eines gemeinsamen Menschheitsethos.

So enthält dieses Buch für seine Leserinnen und Leser:
– eine seriöse und vielfach überprüfte Information,
– eine angesichts der Unübersichtlichkeit der Religionenvielfalt helfende Orientierung,
– eine zu einer neuen Einstellung zu Religion und Religionen anregende Motivation.

Die negativen Seiten der Religionen, mir aus persönlicher Erfahrung nur zu gut bekannt, werden in keiner Weise verschwiegen. Ihr aggressives Potential ist wohlbekannt und braucht hier nicht ausgewalzt zu werden. Dies alles bildet ja den Ausgangspunkt meiner Bemühungen um den Frieden zwischen den Religionen. Mehr als an diesen offenkundigen negativen Seiten sind vielleicht auch die Leserinnen und Leser an der positiven Funktion der Religionen interessiert: Warum sind Milliarden von Menschen in allen Erdteilen religiös? Was ist der Ursprung und das Wesen dieser kulturellen Phänomene, die in allen Völkern und allen Zeiten zu finden sind? Welche Entwicklungen haben die großen Religionen durchgemacht, und was sind dabei besonders ihre ethischen Konstanten, die für ungezählte Menschen sich tagtäglich auswirken? Wo ist Trennendes, und wo ist vor allem Gemeinsames? Was ist der Beitrag der Religionen zu einem erst langsam ins Bewußtsein der Menschheit eintretenden Menschheitsethos, einem Weltethos? ...

Ziel einer weltweiten Verständigung zwischen den Religionen soll ein gemeinsames Menschheitsethos sein, das aber Religion nicht ablösen soll – wie dies manchmal fälschlicherweise vermutet wird. Das Ethos ist und bleibt nur eine Dimension innerhalb der einzelnen Religion und zwischen den

Religionen. Also: keine Einheitsreligion, auch kein Religionencocktail und kein Religionsersatz durch ein Ethos. Vielmehr ein Bemühen um den dringend erforderlichen Frieden zwischen den Menschen aus den verschiedenen Religionen dieser Welt. Denn:

Kein Frieden unter den Nationen ohne Frieden unter den Religionen.
Kein Frieden unter den Religionen ohne Dialog zwischen den Religionen.
Kein Dialog zwischen den Religionen ohne globale ethische Maßstäbe.
Kein Überleben unseres Globus ohne ein globales Ethos, ein Weltethos ...

Der Buddhismus

Das Glaubensbekenntnis des Buddhismus

Eine Buddha-Statue gab es in Bodh-Gaya wie an anderen buddhistischen Gedenkstätten lange Zeit nicht. Nur ein steinerner Fußabdruck des Buddha in stark stilisierter Form wird hier verehrt. Die Person des Buddha hat man am Anfang nicht dargestellt, sondern sie nur in Symbolen angedeutet. Er selber hatte ja die Menschen von sich selber weggewiesen auf seine Lehre.

Und deswegen heißt die Bekenntnisformel der Buddhisten bis heute: »Ich nehme meine Zuflucht zum Buddha, zur Lehre (zum Dharma), zur Mönchsgemeinschaft (zum Sangha).« Man könnte auch im Christentum ganz ähnlich formulieren: »Ich nehme meine Zuflucht zu, oder besser: ich glaube an Christus, seine Lehre (das Evangelium) und die Gemeinschaft der Glaubenden (die Kirche).«

Es war der Buddha Gautama, der von den Höhen des Himalaja und Hindukusch bis hinunter nach Indonesien oder nach China und Japan für Hunderte von Millionen Menschen als der große Lehrer den Heilsweg unübertroffen – sagt man bis heute – gezeigt hat: das, woran man sich halten kann.

Und so ist es denn nicht überraschend, daß schon die allererste Notiz von Buddha im Christentum, ums Jahr 200 in Alexandrien, vermerkt: Es gibt in Indien Menschen, »die den Geboten des Buddha folgen«, und ihn »wegen seiner übergroßen Heiligkeit wie einen Gott verehren« (Klemens von Alexandrien, Stromata 1,15). Das allerdings hätte der Buddha selber zu seinen Lebzeiten, wie ja auch Jesus von Nazaret, von sich gewiesen.

Gautamas Weg zur Erleuchtung

Nicht um abgehobene Spekulationen geht es ursprünglich im Buddhismus, vielmehr um die Bewältigung der Realitäten des Lebens. Und diese Realitäten erfuhr damals der reiche, früh verheiratete Fürstensohn Siddhartha Gautama, als er sich – der Legende nach – zum erstenmal aus dem luxuriösen Palastbereich ins Land fahren ließ.

Hier war er konfrontiert mit all dem Leid der Welt, dem Menschen nun einmal ausgesetzt sind. Unausweichlich. Jeder Mensch wird nun einmal alt. Jeder Mensch wird nun einmal krank. Jeder Mensch wird nun einmal sterben. Alter, Krankheit, Tod: drei Zeichen der Vergänglichkeit. Es ist das Grundproblem allen menschlichen Daseins: Nichts im Leben ist stabil. Alles ist von anderem abhängig. Alles veränderlich und vergänglich. Alles letztendlich mit Leid verbunden – leidvoll.

Zur Wende kommt es in Gautamas Leben durch die Begegnung mit einem Bettelmönch. Sein privilegiertes Leben erscheint ihm auf einmal sinnlos, wird ihm unerträglich. Eines Tages, kurz nach der Geburt seines Sohnes, erklärt sich Siddhartha seiner jungen Frau: Er verläßt seine Familie. Er verzichtet auf die Herrschaft. Ja, er geht weg aus seiner Heimat, der Adelsrepublik seiner Familie, der Shakyas, an der indisch-nepalesischen Grenze. Shakyamuni wird er später genannt, »Weiser aus der Shakya-Familie«.

Er ist jetzt 29 Jahre alt. Im Gewand des Asketen zieht er arm in die Heimatlosigkeit, um als Mönch endgültig Erlösung vom Leiden zu finden. Verschiedenen Wanderasketen, Yogi, schließt er sich sukzessive an – ohne Erfolg. Allein übt er sich dann in geradezu lebensgefährlichen Atemübungen, Fasten und Entsagen – vergebens.

Doch nach sechs Jahren gibt er die überstrenge Askese auf. Und verliert deshalb seine Schüler. Er zieht sich an einen Fluß zurück und übt sich in Meditation. Dort erholt er sich, und unter einem Baum erfährt er nach langer Zeit der Meditation in tiefer Versenkung endlich, endlich die ersehnte Erleuchtung *(bodhi)*, Erlösung, Befreiung. So ist Siddhartha zum Buddha, zum »Erwachten«, zum »Erleuchteten« geworden. Antworten hat er jetzt auf die vier Urfragen, was das Leiden ist, wie es entsteht, wie es überwunden werden kann und welches der Weg ist, dies zu erreichen. Das ist von jetzt an seine Botschaft. In diesen »Vier Edlen Wahrheiten« ist alles zusammengefaßt.

Der Baum der Erleuchtung

Solches also geschah vor rund zweieinhalbtausend Jahren im heutigen nordindischen Bundesstaat Bihar beim Städtchen Uruvela. Deshalb nennt man diesen Baum hier, ein Nachkomme des ursprünglichen Feigenbaumes, den Bodhi-Baum, den Baum der Erleuchtung. Und die Stadt Uruvela schlicht Bodh-Gaya. Es ist nach Siddharthas Geburtsort Lumbini die zweite große Gedächtnisstätte des Buddhismus.

Eine neue Religion, in der Tat! Die Grundlagen der alten indischen Religion lehnt sie ab: die Autorität der Veden nämlich und damit die Herrschaft der Brahmanen und die blutigen Opfer. Statt dessen Vergeistigung, Verinnerlichung, Versenkung. Der Buddha ist diesen Weg eigenständig aus eigener Kraft gegangen. Und doch ist dieses Erwachen keine Selbsterlösung; ist sie doch vom Menschen nicht herbeizuzwingen. Allerdings ist sie auch kein Gottesgeschenk; existiert doch für den Buddha kein allmächtiger Schöpfergott.

In Dankbarkeit haben Buddhisten diesen Ursprungsort des Buddhismus später als heiligen Bezirk abgegrenzt und »Diamantenthron« genannt. Schon früh wurde hier auch ein Tempel gebaut: der Mahabodhi-Tempel, der Tempel des »großen Erwachens«. Er hat im Lauf der Jahrhunderte manche Veränderung erfahren und wurde erst vor gut 100 Jahren (1881), damals völlig verwahrlost, von einem birmanischen König großartig restauriert.

Weitere alte Heiligtümer wurden zerstört. Denn eine Zeitlang war Bodh-Gaya wieder ganz und gar hinduistisch geworden. Und für die Hindus ist der Buddha nur die neunte Verkörperung *(avatara)* des Gottes Vishnu, die einmal von der zehnten abgelöst werden wird. Die anderen kleinen Tempel und Klöster stammen alle aus dem 20. Jahrhundert und machen jedenfalls schon hier am Ursprungsort des Buddhismus deutlich, wie weit sich diese Religion in der Folgezeit ausgebreitet hat: Da gibt es einen tibetischen Tempel und einen chinesischen, einen thailändischen und einen japanischen. Aus der Mönchsbewegung wurde eine Weltreligion.

Das Rad der Lehre

Von Tempeln, Ritualen und Zeremonien hielt der Buddha selber freilich wenig, von Göttern und Dämonen auch nicht viel. Die Frage nach einem letzten Urgrund der Welt wollte er mit Verweis auf Wichtigeres unbeantwortet lassen. Wer von einem vergifteten Pfeil getroffen sei, soll sich nicht zuerst nach dem Schützen erkundigen, sondern unverzüglich seine Wunde von einem fähigen Arzt behandeln lassen, so seine berühmte Antwort.

Im Gazellenhain von Sarnath vor den Toren Varanasis trifft der Buddha fünf Wanderasketen, die ihn früher verlassen hatten, jetzt aber seine ersten Gefolgsleute werden. Sie bilden den Kern der Mönchsgemeinde, des Sangha. Zuerst sind es fünf, bald 500. Im 5./7. Jahrhundert sollen (Berichten chinesischer Pilger zufolge) 1500 allein in Sarnath gelebt und gelehrt haben. Deshalb ist hier die dritte Gedächtnisstätte des Buddhismus: Hier hat der Buddha das Rad der Lehre, des Dharma, in Bewegung gesetzt.

Noch etwa 45 Jahre wandert der Buddha lehrend mit seinen Mönchen durch Bihar und Uttar Pradesh. Im Alter von 80 Jahren (nach einer alten Tradition 368 vor Christus) stirbt er im nepalesischen Kushinagara (heute Kasia) an einer Lebensmittelvergiftung – dort ist die vierte große buddhistische Gedenkstätte. Der Buddha war damit in die endgültige Erlösung eingegangen, in das Parinirvana ohne Wiedergeburt. Einen Nachfolger oder Stellvertreter hat er nicht eingesetzt. Seine Jünger sollen sich an den Dharma halten, ihn aber niemandem aufdrängen.

Ein Ethos der Selbstlosigkeit

Man hat vielfach behauptet, der Buddhismus sei eigentlich gar keine Religion, sondern eine Philosophie. Aber eine Philosophie ist der Buddhismus eben gerade nicht. Er will keine Welterklärung bieten. Er ist Religion, er ist Heilslehre und Heilsweg.

Und tatsächlich hat Buddha sich verstanden als so etwas wie ein Arzt, der dem leidenden Menschen helfen will, eine Befreiung und Erlösung zu finden. Mit einem Heilsmittel allerdings, das jeder selber ausprobieren muß. Insofern ist er so etwas wie ein Psychotherapeut heute, der dem Menschen hilft, die Lebenskrisen zu überwinden, das Leid zu bewältigen, sich mit seiner Beschränktheit, Endlichkeit, Sterblichkeit abzufinden.

Aber der Buddha ist mehr als ein Psychotherapeut. Er ist radikaler. Er hat selber in der Erleuchtung erfahren, daß der Mensch, wenn er alles durchschaut, erkennen kann, daß alles das, was er so sieht, nicht stabil ist, daß nichts in der Welt Bestand hat, alles veränderlich ist, ja daß sogar sein eigenes Ich, an das er sich so klammert, im Grunde keine bleibende Substanz hat, sondern ebenso vergänglich ist.

Das Leiden also, von dem der Mensch zu kurieren ist, ist gerade dieses Hängen an seinem eigenen Ich. Er soll durch die Therapie des Buddha lernen, sich von seinem eigenen Ich frei zu machen. Er soll den Weg finden von der Ichbezogenheit und Ichverflochtenheit zu einer Selbstlosigkeit, die ihn dann frei macht für ein allumfassendes Mitleid. Das ist etwas, was eigentlich auch dem Christen nicht so ganz fern sein sollte.

So will denn diese Nicht-Ich-Lehre des Buddha keine metaphysische Doktrin sein. Eine solche lehnte der Buddha grundsätzlich ab. Sie will ganz ethisch-praktisch zu der persönlichen Erfahrung verhelfen: Der Mensch soll sich von der Selbstbefangenheit in Gier, Haß und Verblendung zur Selbstlosigkeit wenden, weg von der Egozentrik des Ichs, das keinen Bestand hat. Und so ist denn auch unter Buddhisten umstritten, ob das Ich nur nichts Festes, Unveränderliches, Substantielles sei oder überhaupt nichts Wirkliches. Selbstlosigkeit im ethischen Sinn ist ja schließlich auch dem Christentum nicht fremd. Heißt es doch in der Bibel: »Wer sein Leben verliert, wird es gewinnen« (Lk 17,33). Ein Schlüsselsatz für den Dialog zwischen Buddhisten und Christen.

Antwort auf Urfragen: Vier Edle Wahrheiten

Christen verstehen es oft falsch: Buddhas Botschaft ist nicht pessimistisch oder resignativ, will nicht auf ein Jenseits vertrösten. Sie will hier im Diesseits, ja im Alltag einen Weg zeigen. Seine existentiellen Vier Edlen Wahrheiten sollen helfen, Urfragen des Menschen zu beantworten und die Welt wie das eigene Leben zu durchschauen und bewältigen:

- Erste Frage: Was ist das Leiden? Antwort: Das Leben selbst ist Leiden: Geburt, Arbeit, Trennung, Alter, Krankheit, Tod. Das ist alles leidvoll.
- Zweite Frage: Wie entsteht das Leiden? Antwort: Durch Lebensdurst, durch Haften an Dingen, durch Gier, Haß und Verblendung. Das aber hat Wiedergeburt auf Wiedergeburt zur Folge.

- Dritte Frage: Wie kann das Leiden überwunden werden? Antwort: Durch Aufgeben des Begehrens. Nur so wird neues Karma, die Folge von guten wie bösen Taten, vermieden, nur so ein Wiedereinstieg in den Kreislauf der Geburten verhindert.
- Vierte Frage: Auf welchem Weg soll dies erreicht werden? Antwort: Auf dem Weg der vernünftigen Mitte – weder Genußsucht noch Selbstzüchtigung. Der berühmte achtfache Pfad zum Nirvana:
  - rechte Erkenntnis und rechte Gesinnung: Wissen *(panna)*,
  - rechte Rede, rechtes Handeln und rechtes Leben: Sittlichkeit, Ethos *(sila)*,
  - rechte Anstrengung, rechte Achtsamkeit *(sati)* und rechte Sammlung *(samadhi)*.

Das Wissen ist Voraussetzung für ein moralisches Verhalten, für ein Ethos, bei dem die Laienjünger zumeist stehenbleiben, auch wenn sie dann einer neuen Wiedergeburt – hoffentlich einer besseren! – unterworfen sind. Die Mönche aber versuchen, durch Geistesschulung darüber hinaus zur meditativen Sammlung zu gelangen, um so schließlich aus dem Kreislauf der Geburten erlöst zu werden und ins Nirvana einzugehen, ins »Erlöschen«, der Beendigung von Gier, Haß und Verblendung. Dies also ist der lebenslang dauernde buddhistische Heilsweg, sehr verschieden vom christlichen. Aber doch auch nicht so grundverschieden, daß man nicht Parallelen feststellen könnte, besonders wenn man nicht auf spätere Entwicklungen, sondern auf die Gründergestalten selber schaut, auf Gautama und Jesus von Nazaret.

Auffällige Parallelen

Schon ihr ganzes Verhalten zeigt Ähnlichkeiten: Gautama wie Jesus bedienen sich bei der Verkündigung nicht einer unverständlich gewordenen Sakralsprache (Sanskrit – Hebräisch), sondern der Umgangssprache (mittelindoarischer Dialekt – aramäische Volkssprache). Sie haben weder eine

Kodifikation noch gar eine Niederschrift ihrer Lehre veranlaßt. Gautama wie Jesus appellieren an die Vernunft und die Erkenntnisfähigkeit des Menschen: wenngleich nicht mit systematisch-erwägenden Vorträgen und Gesprächen, so doch mit allgemeinverständlichen, eingängigen Spruchworten, Kurzgeschichten, Gleichnissen, die aus dem jedermann zugänglichen, ungeschminkten Alltagsleben genommen sind, ohne sich auf Formeln, Dogmen, Mysterien festzulegen.

Für Gautama wie Jesus bedeuten Gier, Macht, Verblendung die große Versuchung. Gautama wie Jesus sind durch kein Amt legitimiert, stehen in Opposition zur religiösen Tradition und zu deren Hütern, zur formalistisch-ritualistischen Kaste der Priester und Schriftgelehrten, die für die Leiden des Volkes keine Sensibilität zeigen. Gautama wie auch Jesus haben bald engste Freunde um sich, ihren Jüngerkreis und eine weitere Gefolgschaft.

Aber nicht nur in ihrem Verhalten, sondern auch in ihrer Verkündigung zeigt sich eine grundlegende Ähnlichkeit:

– Gautama wie Jesus treten als Lehrer auf. Für beide liegt ihre Autorität weniger in ihrer schulmäßigen Ausbildung als in der außerordentlichen Erfahrung einer ganz anderen Wirklichkeit.

– Gautama wie Jesus haben eine dringende, eine frohe Botschaft (der »Dharma«, das »Evangelium«) auszurichten, die von den Menschen ein Umdenken (»in den Strom steigen«, *metanoia)* und Vertrauen *(shraddha,* »Glaube«) fordern. Nicht Orthodoxie, sondern Orthopraxie!

– Gautama wie Jesus wollen keine Welterklärung geben, üben keine tiefsinnigen philosophischen Spekulationen oder gelehrte Gesetzeskasuistik. Ihre Lehren sind keine geheimen Offenbarungen. Sie zielen auch nicht auf eine bestimmte Ordnung der rechtlichen und staatlichen Verhältnisse.

– Gautama wie Jesus gehen aus von der Vorläufigkeit und Vergänglichkeit der Welt, der Unbeständigkeit aller Dinge und der Unerlöstheit des Menschen. Sie zeigt sich in seiner

Blindheit und Torheit, seiner Verstricktheit in der Welt und seiner Lieblosigkeit gegenüber seinen Mitmenschen.

– Gautama wie Jesus zeigen einen Weg der Erlösung aus der Ichsucht, Weltverfallenheit, Blindheit. Eine Befreiung, die nicht durch theoretisches Spekulieren und philosophisches Räsonieren erreicht wird, sondern durch eine religiöse Erfahrung und einen inneren Wandel. Ein ganz praktischer Weg zum Heil.

– Weder Gautama noch Jesus verlangen für den Weg zu diesem Heil besondere Voraussetzungen intellektueller, moralischer oder weltanschaulicher Art. Der Mensch soll nur hören, verstehen und daraus die Konsequenzen ziehen. Niemand wird nach dem wahren Glauben, nach dem orthodoxen Bekenntnis abgefragt.

– Gautamas wie Jesu Weg ist ein Weg der Mitte zwischen den Extremen der Sinnenlust und der Selbstquälerei, zwischen Hedonismus und Asketismus. Ein Weg, der eine neue selbstlose Zuwendung zum Mitmenschen ermöglicht! Nicht nur die allgemeinen Sittengebote (nicht töten, lügen, stehlen, Unzucht treiben) entsprechen sich bei Buddha und Jesus weithin, sondern auch, im Prinzip, die Grundforderungen der Güte und der Mitfreude, des liebenden Mitleids (Buddha) und der mitleidenden Liebe (Jesus).

Reinhard Barth, Friedemann Bedürftig
Die Nachfolger Petri

Sub specie aeternitatis – im Angesicht der Ewigkeit sind auch zwei Jahrtausende nichts. Nach menschlichen Maßstäben aber eben doch fast eine Ewigkeit. Menschengemachtes, das so lange hält, hat schon qua Dauer etwas Hochehrwürdiges, und die Papstkirche gehört dazu. Anders als Dome oder Pyramiden aber lebt sie und macht nicht den Eindruck, als solle sich daran in absehbarer Zeit etwas ändern. Sie hat Weltreiche überdauert, Spaltungen ausgehalten, Gefangenschaften erduldet und ist trotz ständigen Wandels dieselbe geblieben. Das dankt sie nicht zuletzt dem Prinzip der personellen Kontinuität durch biologische Erneuerung an der Spitze: Der Papst ist tot, es lebe der Papst! Oder mit dem Ruf nach geglückter Neuwahl des Kirchenoberhaupts gesagt: »Habemus papam« (»wir haben einen Papst«).

Das gilt bis auf die Zeiten zwischen dem Ableben eines Bischofs von Rom und der Bestimmung des Nachfolgers, der Sedisvakanz, immer. Katholische Kirchengeschichte ist daher nicht zuletzt Papstgeschichte. Anhand der Biographien der Nachfolger Petri läßt sich die Entwicklung von den Anfängen im römischen Untergrund bis zur modernen Weltkirche nachzeichnen ...

Noch ein Wort zur Perspektive der Darstellung, die ja eine unvermeidlich heutige ist: Das mag manchmal zu Kopfschütteln führen, weil aus unserer Sicht Entscheidungen und Maßnahmen der Heiligen Väter nicht selten höchst unheilig erscheinen. Zu bedenken heißt es dabei, daß die Stellvertreter Christi zum einen – trotz der beanspruchten Unfehlbarkeit in Fragen des Glaubens – ebenso fehlbare Menschen sind wie wir alle und zum anderen Kinder ihrer Zeit. Deswegen kann, was aus früherer Sicht Recht oder doch wenigstens tolerabel gewesen sein mag, heute durchaus als schreiendes Unrecht erscheinen. Urteile und schon gar Verurteilungen sind nur mit diesem Vorbehalt möglich. Für alle Zeiten gilt allerdings: Auch die Kirche in Gestalt ihres obersten Repräsentanten muß sich zeitunabhängig an ihrem Selbstanspruch messen lassen, eine der Nächstenliebe zu sein.

Petrus
† Rom (?) zwischen 63 und 67

Hl., Fest (mit dem hl. Paulus) 29. 6.

»Du bist Petrus, und auf diesen Felsen will ich bauen meine Gemeinde, und die Pforten der Hölle sollen sie nicht überwältigen. Ich will dir des Himmelreichs Schlüssel geben, und alles, was du auf Erden binden wirst, soll auch im Himmel gebunden sein, und alles, was du auf Erden lösen wirst, soll auch im Himmel los sein.«

Dieser im Matthäusevangelium, Kapitel 16, Vers 18, überlieferte Auftrag Christi an seinen Jünger Petrus bedeutet die Geburtsstunde des Papsttums und die Einsetzung des Apostels als erster Papst. »Petrus« ist die lateinische Übersetzung des griechischen Wortes kepha = Fels. Der so vom Heiland Angesprochene hieß eigentlich Simon und betrieb zusammen mit seinem Bruder Andreas das Fischerhandwerk am See Genezareth, bevor der Ruf Jesu an die beiden erging: »Ich werde euch zu Menschenfischern machen.« Mit Johannes und Jakobus stand Petrus an der Spitze der Urgemeinde. Missionsreisen führten ihn unter anderem nach Antiochia und Korinth. Gemeinsam mit dem Apostel Paulus wirkte er in seinen letzten Lebensjahren in Rom. Wie dieser erlitt er nach der Überlieferung während der Christenverfolgungen unter Kaiser Nero den Märtyrertod. Nur zwei der unter seinem Namen erhaltenen Briefe sind echt. Über der überlieferten Grabstätte auf einem Friedhof am Fuß des Vatikanhügels erbaute Kaiser Konstantin 324 die Peterskirche. Bei Ausgrabungen, die 1939–1949 an der von der Tradition genannten Stelle, der Confessio im heutigen Petersdom, vorgenommen wurden, fand man Gebeine einer männlichen Person von kräftigem Wuchs und vorgerücktem Alter. Papst Paul VI. erklärte sie am 26. 6. 1965 zu den sterblichen Überresten des Apostels Petrus ...

Johannes (XXIII.)
* Neapel um 1365, † Florenz 22. 11. 1419

Gegenpapst 17. 5. 1410 – 29. 5. 1415

In der Papstgeschichte herrscht beileibe kein Mangel an bizarren Figuren, doch der Nachfolger Alexanders V. als Konzilspapst gehört zu den einsamen Spitzen: Baldassare Cossa entstammte einer heruntergekommenen Adelsfamilie und begann seine atemberaubende Karriere als Pirat. Zwar verspürte er bald den Drang nach mehr Seriosität, studierte Jura in Bologna und brachte es unter seinem Landsmann Bonifaz IX. zum Archidiakon der Stadt. Das aber war bloße Fassade, hinter der sich der notorische Abenteurer verbarg, was politisch wie erotisch gemeint ist. Habsüchtig und bedenkenlos, übernahm der 1402 zum Kardinal aufgestiegene Mann gern kriegerische Aufträge für den Papst, weil sie ihm reiche Beute versprachen. Der ausbleibende militärische Erfolg kümmerte Cossa dabei wenig, wichtiger war ihm der Erfolg bei Frauen: Angeblich soll er es noch nach seiner Wahl mit mindestens 200 getrieben haben. Die Eskapaden aber beschädigten nicht etwa seinen Ruf, sondern verschafften ihm eher Neid und Bewunderung bei den Kardinalskollegen, die er dann auch beim Aufstand gegen Gregor XII. auf dem Konzil in Pisa 1409 zur Wahl Alexanders bewegte und damit seine eigene zu dessen Nachfolger programmierte. Als Johannes XXIII. wurde er eine Woche nach der Erhebung gekrönt und konnte sich nun mit Hilfe Ludwigs von Anjou († 1417) für einige Zeit in Rom etablieren, mußte dann aber 1413 vor dem Gegenangriff neapolitanischer Truppen unter Ladislaus (König 1386 – 1414) nach Florenz ausweichen.

Kirchlich hatte er bis dahin außer der Bannbulle gegen den böhmischen Reformator Jan Hus (um 1369 – 1415) wenig bewegt und war auch nur unter dem Druck des deutschen Königs Sigismund (1410–1437) zur Einberufung des 16. ökumenischen Konzils in Konstanz zu bewegen. Er ahnte wohl, was ihm dort blühte: Gegen seinen Vorschlag, die beiden Konkurrenten Gregor XII. und Benedikt XIII. abzusetzen und ihn allein als Papst anzuerkennen, beschloß das 1414 zusammengetretene Konzil, alle drei Päpste des Amtes zu entheben. Johannes floh daraufhin als Landsknecht verkleidet nach Freiburg, wurde aber ergriffen und als Gefangener zurückgebracht. Die Konzilsväter erklärten ihn am 29. 5. 1415 »wegen Förderung der Kirchenspaltung durch schimpfliche Flucht, wegen Simonie und wegen verabscheuungswürdigen Lebenswandels« seiner Papstwürde für verlustig und verhängten Hausarrest über ihn. Erst gegen hohes Lösegeld kam Cossa 1419 frei und unterwarf sich dem neugewählten Papst Martin V., der ihn zum Kardinalbischof von Tusculum ernannte. Johannes starb bald darauf und erhielt ein prachtvolles Grabmal von Donatello im Baptisterium von Florenz – eine wahrlich unverdiente Ehre. Bewußt wählte 1958 Giuseppe Roncalli den Papstnamen Johannes XXIII. mit der gleichen Ordnungszahl, um die Unwürdigkeit seines zweifelhaften Vorgängers im 15. Jahrhundert zu unterstreichen ...

Johannes XXIII.
* Sotto il Monte (bei Bergamo) 25. 11. 1881,
† Rom 3. 6. 1963

Papst seit 28. 10. 1958

Angelo Giuseppe Roncalli war eigentlich eine Verlegenheit: Beim Tod des aristokratischen Pacelli-Papstes Pius XII. war das Kollegium der Kardinäle derart geschrumpft und die Gestalt des Verblichenen so übermächtig, daß kein recht geeigneter und wohl auch kaum ein williger Kandidat für die Nachfolge zu finden war. Man brauchte eine Pause der Sichtung und Regeneration, also verständigte man sich auf den

77jährigen Patriarchen von Venedig, der seinen Lebensabend sicher nicht mit Konflikten belasten wollte.

Letzteres war völlig richtig kalkuliert, ergab aber sogleich die nächste Verlegenheit: Der neue Papst hatte nämlich genausowenig vor, sich noch in das vom asketischen Vorgänger ausgefeilte Protokoll pressen zu lassen, was auch gar nicht gegangen wäre, wie schon beim ersten Auftritt auf der Loggia über dem Petersplatz deutlich wurde. Gewohnt, die hohe königliche Gestalt Pacellis auf den Balkon treten zu sehen, erschrak die Menge sichtlich beim Anblick des gedrungenen Roncalli. »Un grasso – ein Dicker!« rief eine Dame erschüttert und fiel in Ohnmacht. Niemanden freilich hätte so etwas weniger beeindrucken können als Johannes. Die hohe kirchliche Karriere hatte den Bauernsohn nicht verbiegen können. Er war bescheiden geblieben, fühlte sich immer als einer der kleinen Leute, deren Seelsorge ihm in allererster Linie am Herzen lag: »Das Gefühl meiner Unzulänglichkeit leistet mir stets gute Gesellschaft; es macht mir das Vertrauen zu Gott zur Gewohnheit.« Mit der sakralen Distanz und mit dem autoritären kirchlichen Zentralismus konnte er sich daher nicht anfreunden. Er suchte Kollegialität und Gemeinschaft und durchbrach die üblich gewordene vornehme »vatikanische Gefangenschaft« der Päpste, besuchte die römischen Bezirke, unternahm Wallfahrten. »Johnnie Walker« wurde einer der Spitznamen des »guten« Papstes. Einfachheit und Herzensgüte hinderten Johannes XXIII. (er hatte den Namen wegen der »engen Verbindung mit der Person Jesu« angenommen) nicht, wegweisende Entscheidungen zu treffen.

Die folgenreichste, in ihren Wirkungen noch immer gar nicht ganz abschätzbare, wurde die Einberufung des 2. Vatikanischen Konzils 1962, zu dem der Papst Vertreter aller christlichen Kirchen einlud und damit in den bis dahin verweigerten ökumenischen Dialog eintrat. Es war Johannes nicht vergönnt, sein großes Reformwerk zu Ende zu führen, das zeichnete sich schon bald wegen eines Krebsleidens ab. Der Papst aber nahm selbst dies in Demut an: »Wir haben große Dinge unternommen, aber wenn Unsere Stunde schlägt, bevor sie zu ihrem Ziel geführt worden sind, empfinden Wir darüber keine Unruhe: Gott wird jemanden bestimmen, sie fortzusetzen.«

Heinz Zahrnt
Das Zeitliche segnen

Der Tod bringt – vom Ende her – die »Zeitlichkeit« in das Leben des Menschen, daß »seine Tage gezählt sind und seinem Leben ein Ziel gesetzt ist, das er nicht überschreiten kann« (Hiob 14,5). Und niemand vermag vorherzusagen, wie er reagieren wird, wenn die allgemeine Wahrheit, daß der Mensch sterblich ist, zur persönlichen Nachricht an ihn wird, daß er jetzt sterben muß.

An mich ist diese Nachricht bis zu diesem Augenblick noch nicht ergangen. Aber die Vorzeichen sind da, und sie mehren sich. Gewiß, sobald ein Mensch geboren ist, ist er alt genug, um zu sterben – aber im neunten Lebensjahrzehnt wird die abstrakte Wahrheit konkret. Nicht, daß ich in jedem Augenblick an meinen Tod dächte – aber er ist aus dem Unbewußten aufgestiegen und wohnt jetzt in meinen Gedanken.

In jedem Menschen steckt das Verlangen nach Lebenserfüllung, und in jedem Leben bleibt zugleich ein Rest, ja Überschuß an Unerfülltem. Nicht nur die Angst vor dem Ende, auch die Sehnsucht nach Vollendung spricht aus unserem Protest gegen den Tod. Und keine medizinische Lebensverlängerung, mag sie auch den letzten Tropfen an Leben aus dem sterblichen Leib pressen, kann diese Erfüllung bieten. Ob Angst oder Sehnsucht – wir sind keine Eintagsfliegen.

Aber »ewiges Leben« im Sinne bloßer zeitlicher Dauer wäre unerträglich. Von daher erhält der Tod eine »gnädige Rückseite«. Oder bedeutet es etwa keine Gnade, wenn Gott das Verlangen des Menschen nach »Unsterblichkeit« nicht erfüllt, sondern durch den Tod verhindert, daß er auf immer leben muß? Denn allein durch die Abschaffung des Todes entstünde noch kein »ewiges Leben« – dadurch ergäbe sich nur eine Fortsetzung des hiesigen Lebens in unaufhörlicher

Dauer. Und wer vermöchte dies zu ertragen? Schon bald würden wir zum Augenblick nicht mehr sprechen: »Verweile doch, du bist so schön«, sondern uns den Tod mit allen Kräften unserer Seele herbeiwünschen. Für immer leben, das wäre nicht das ewige Leben – es wäre die ewige Hölle.

Der Tod bedeutet die denkbar größte Kränkung des Menschen. Einfach am Wegrand zusammenzusinken, während die anderen, mit sich selbst beschäftigt, weiterwandern, als wäre nichts geschehen, und auch die Welt nimmt weiter ihren Gang, ohne ihn – das steht im äußersten Gegensatz zu unserem Verlangen nach Identität und Bleiben. Die »totale Verhältnislosigkeit«, wie Eberhard Jüngel den Tod genannt hat, halte ich nach wie vor für die bestmögliche Definition, falls eine Definition hier überhaupt möglich ist. Der Mensch ist die einzige Kreatur, in der der Lebensvorgang zum Bewußtsein seiner selbst gelangt. Darum ist er auch das einzige Lebewesen, das sich in eins zu sich selbst und zur Welt verhalten kann. Aus diesem Grund hat der Mensch »Welt« und nicht nur »Umwelt« wie das Tier.

Im Tod aber hört das Verhalten des Menschen zu sich selbst und zur Welt auf; da gehen für ihn in *einem* Vorgang er selbst und die Welt unter. Und darum bedeutet der Tod die »totale Verhältnislosigkeit«. Wenn aber alles Sein des Menschen ein »Mitsein«, ein »In-Beziehung-Sein« ist, dann bedeutet der Tod das Nicht-Sein. Und das Nichts kann ich weder erkennen noch mir vorstellen.

Leben und Sterben des Menschen hängen eng zusammen; sie liegen in ein und derselben Fluchtlinie. In der Todessituation wird die Lebenshaltung des Menschen offenbar: woraus und woraufhin er gelebt hat. Entsprechend ist die Todesangst des Menschen keine andere als die, die ihn sein Leben lang beherrscht hat, und umgekehrt ist die Lebensangst des Menschen dieselbe, die ihn auch im Tode überfällt.

Der Tod macht endgültig offenbar, daß das Leben unverfügbar ist, und wird so zum Ernstfall des Glaubens. Wenn mir die Welt untergeht, wenn die Stützen brechen, mit denen ich mein Leben lebenslang zu sichern versucht habe, wenn ich mich zu keinem Menschen, nicht einmal mehr zu dem mir allernächsten verhalten kann und dieser sich nicht mehr zu mir – dann stellt sich die Vertrauensfrage in letzter Zuspitzung: Worauf ist da noch Verlaß?

Überlegenheit über den Tod kann der Mensch nur durch eine Kraft gewinnen, die ihm seine Lebens- und Todesangst in eins überwinden hilft: durch einen Glauben auf Leben und Tod. Wenn der ihn beherrschende Affekt die Angst ist, dann muß es notwendig ein Affekt sein, der seiner Angst überlegen ist – mithin das Vertrauen auf einen Grund, der sein ganzes Dasein, sein Leben und sein Sterben, gründet, hält und trägt. Eben dies aber – Glauben, radikal als Vertrauen zu Gott gefaßt – ist das elementar Christliche im Christentum.

Auf die im Angesicht des Todes gestellte Vertrauensfrage gibt der christliche Glaube die Antwort: In dem Augenblick, in dem der Mensch aufhört, sich zu sich selbst und zur Welt verhalten zu können, verhält Gott sich weiterhin zu ihm. Das ist es, was der Glaube *»ewiges Leben«* nennt. Diese Wahrheit will verbürgt sein. Die Bürgschaft bietet der von Jesus aus Nazareth gelebte und verkündigte Glaube an Gott.

Als Jesus in der letzten Woche vor dem Todespassah von den Sadduzäern gefragt wird, wie die Auferstehung von den Toten möglich sei, antwortet er ihnen nicht mit der Voraussage seines eigenen Sterbens und Auferstehens, sondern mit dem Hinweis auf die Macht und Treue Gottes. Er zitiert Gottes Zusage an Mose: »Ich bin der Gott Abrahams, der Gott Isaaks und der Gott Jakobs« und zieht daraus die Konsequenz: »Gott ist nicht ein Gott der Toten, sondern der Lebenden« (Mt 22,33 ff.).

Jesu Antwort begründet den Glauben an das ewige Leben mit dem Schöpfungsglauben: Das von Gott gewollte Leben trägt die Überwindung des Todes in sich! Die auf der Gottebenbildlichkeit beruhende Entsprechung zwischen Gott und Mensch leidet keinen Abbruch, nicht einmal eine Unterbrechung, selbst durch den Tod nicht. Martin Luther hat die Unzerstörbarkeit des ewigen Gesprächs zwischen dem Schöpfer und seinem Geschöpf so ausgedrückt: »Wo und mit wem Gott redet, es sei in Zorn oder in Gnade, derselbe ist gewiß unsterblich. Die Person Gottes, der da redet, und das Wort Gottes zeigen an, daß wir solche Kreaturen sind, mit denen Gott bis in die Ewigkeit und unsterblicherweise reden will.«

Augustin schreibt, Meister Eckhart zitiert Augustin, und Ernst Bloch wiederum rezitiert Meister Eckhart: »Ich werde etwas in mir gewahr, das meiner Seele vorspielt und vorleuchtet. Würde das zur Vollendung und Stetigkeit in mir gebracht, das müßte das ewige Leben sein.«

Der christliche Glaube an das ewige Leben bildet das »letzte Kapitel«, aber es ist kein Sonderkapitel. Es folgt mit innerer Logik aus dem Glauben an den von Jesus aus Nazareth erfahrenen und verkündigten Gott und bedeutet seine in die Unendlichkeit ausgezogene Perspektive – den von Gott selbst durchgehaltenen Bezug zum Menschen bis in den Tod hinein. Wohin der Tod auch kommt, dort ist immer schon Gott, und wo Gott ist, herrscht das Leben. Der Tod ist kein hoffnungsloser Fall. Ich bleibe auch im Tod in Gott geborgen und kann darum vom Leben lassen.

Damit bleibt mein Leben zwar eine Einbahnstraße auf den Tod zu, aber es ist jetzt keine Sackgasse mehr. Zwar setzt der Tod nach wie vor einen Punkt hinter mein Leben, aber Gott macht daraus einen Doppelpunkt. Am Sterbebett lautet das letzte Wort des Arztes »Exitus« – die christliche Beerdigungsliturgie nimmt dieses Wort auf und verwandelt den Exitus in den Introitus: »Der Herr behüte deinen Ausgang und Eingang von nun an bis in Ewigkeit« (Ps 121,8). So wird der Tod aus dem Exitus zum Transitus, aus dem Ausgang zu einem Durchgang und Übergang. Ich bleibe nicht, aber Gott bleibt mir auch im Tode, und damit habe ich »ewige Bleibe«.

Nach dem Ende aller dualistischen Metaphysik und damit der Auflösung aller raumzeitlichen Jenseitsvorstellungen kann die Theologie keine verbindlichen dogmatischen Aussagen mehr über das Vorhandensein einer jenseitigen Welt liefern. Zur Klage über das »verlorene Jenseits« besteht jedoch kein Anlaß. Auch hier bedeutet die »kopernikanische Wende« für den christlichen Glauben eher eine Läuterung als einen Verlust.

Die Bibel bietet keine kompakte Dogmatik, aber sie enthält eine vielfältige Bilderrede vom ewigen Leben, und es ist jedem Interpreten freigestellt, wie er das Thema variieren will. Er muß nur darauf achten, daß das Thema in den Variationen nicht verlorengeht. Das Thema aber ist im Christentum immer nur eines: die von Jesus aus Nazareth durch sein Glauben, Lehren und Leben, sein Leiden, Sterben und Bleiben verbürgte Botschaft von der universalen Liebe Gottes – und darum Grund zum Vertrauen bis ans Ende.

Aus diesem Grund richtet sich mein Haupteinwand gegen die Reinkarnationsidee auch nicht gegen die Vorstellung von der Wiederverkörperung als solcher – da sehe jeder selbst zu! –, sondern gegen die sich in ihr darstellende Leistungsreligion, die, statt auf Gott zu vertrauen, sich dem Karma unterwirft und damit das Thema verfehlt.

Darum kann der christliche Glaube auch ebensogut auf alle Spekulationen über das Wann, Wo und Wie des ewigen Lebens – über die Zeitdifferenz zwischen Sterbestunde und Auferstehung, den sogenannten »Zwischenzustand«, über den Ort der Toten und ihre Befindlichkeit – entweder verzichten oder sie wenigstens freistellen, am besten Gott anheimstellen. Ich möchte in meinem Glauben noch gern so weit kommen, daß ich alles Wann, Wo und Wie und damit mich selbst ganz und gar ihm überlasse und so zum Tod »Adieu« sage, das heißt ihn Gott befehle – und Gott wird's in jedem Fall wohlmachen. Alle Bilder und Vorstellungen vom ewigen Leben lassen sich zuletzt in den kurzen Satz fassen: Den Toten fehlt nichts – und wem nichts fehlt, der hat die volle Genüge.

Mit zunehmendem Alter sind das Christentum und der Stoizismus für mich näher aneinandergerückt. Paul Tillich hat einmal die Stoa als die einzige ernsthafte Alternative zum Christentum in der abendländischen Geistesgeschichte bezeichnet und entsprechend »Ergebung« und »Erlösung« gegeneinandergestellt. Ich kann zwischen beidem keinen so grundsätzlichen Unterschied erkennen. Das Vertrauen, das aus dem Glauben an Gott kommt, befähigt mich, in mein Schicksal einzuwilligen, und befreit mich so in eins aus meiner Lebens- und Todesangst.

Wohin Gott durch den Tod uns führt, bleibt ein Geheimnis. Mit einem Geheimnis aber kann man leben, wenn man Vertrauen hat. Über ein Geheimnis kann man auch nachdenken und sogar spekulieren, aber man kann es nicht enträtseln wie den Mordfall in einem Kriminalroman. Wenn der Tod für uns aus einem menschlichen Rätsel zu einem göttlichen Geheimnis wird, dann sind wir ein Stück weiter, dann haben wir überhaupt die letzte uns mögliche Stufe menschlicher Lebensweisheit erreicht und können »das Zeitliche segnen«.

Karl Jaspers
Was ist Philosophie?

Was Philosophie sei und was sie wert sei, ist umstritten. Man erwartet von ihr außerordentliche Aufschlüsse oder läßt sie als gegenstandsloses Denken gleichgültig beiseite. Man sieht sie mit Scheu als das bedeutende Bemühen ungewöhnlicher Menschen oder verachtet sie als überflüssiges Grübeln von Träumern. Man hält sie für eine Sache, die jedermann angeht und daher im Grunde einfach und verstehbar sein müsse, oder man hält sie für so schwierig, daß es hoffnungslos sei, sich mit ihr zu beschäftigen. Was unter dem Namen der Philosophie auftritt, liefert in der Tat Beispiele für so entgegengesetzte Beurteilungen.

Für einen wissenschaftsgläubigen Menschen ist es das schlimmste, daß die Philosophie gar keine allgemeingültigen Ergebnisse hat, etwas, das man wissen und damit besitzen kann. Während die Wissenschaften auf ihren Gebieten zwingend gewisse und allgemein anerkannte Erkenntnisse gewonnen haben, hat die Philosophie dies trotz der Bemühungen der Jahrtausende nicht erreicht. Es ist nicht zu leugnen: In der Philosophie gibt es keine Einmütigkeit des endgültig Erkannten. Was aus zwingenden Gründen von jedermann anerkannt wird, das ist damit eine wissenschaftliche Erkenntnis geworden, ist nicht mehr Philosophie, sondern bezieht sich auf ein besonderes Gebiet des Erkennbaren.

Das philosophische Denken hat auch nicht, wie die Wissenschaften, den Charakter eines Fortschrittsprozesses. Wir sind gewiß viel weiter als Hippokrates, der griechische Arzt. Wir dürfen kaum sagen, daß wir weiter seien als Plato. Nur im Material wissenschaftlicher Erkenntnisse, die er benutzt, sind wir weiter. Im Philosophieren selbst sind wir vielleicht noch kaum wieder bei ihm angelangt.

Daß jede Gestalt der Philosophie, unterschieden von den Wissenschaften, der einmütigen Anerkennung aller entbehrt, das muß in der Natur ihrer Sache liegen. Die Art der in ihr zu gewinnenden Gewißheit ist nicht die wissenschaftliche, nämlich die gleiche für jeden Verstand, sondern ist eine Vergewisserung, bei deren Gelingen das ganze Wesen des Menschen mitspricht. Während wissenschaftliche Erkenntnisse auf je einzelne Gegenstände gehen, von denen zu wissen keineswegs für jedermann notwendig ist, handelt es sich in der Philosophie um das Ganze des Seins, das den Menschen als Menschen angeht, um Wahrheit, die, wo sie aufleuchtet, tiefer ergreift als jede wissenschaftliche Erkenntnis.

Ausgearbeitete Philosophie ist zwar an die Wissenschaften gebunden. Sie setzt die Wissenschaften in dem fortgeschrittenen Zustand voraus, den sie in dem jeweiligen Zeitalter erreicht haben. Aber der Sinn der Philosophie hat einen anderen Ursprung. Vor aller Wissenschaft tritt sie auf, wo Menschen wach werden.

Diese *Philosophie ohne Wissenschaft* vergegenwärtigen wir an einigen merkwürdigen Erscheinungen:

Erstens: In philosophischen Dingen hält sich fast jeder für urteilsfähig. Während man anerkennt, daß in den Wissenschaften Lernen, Schulung, Methode Bedingung des Verständnisses sei, erhebt man in bezug auf die Philosophie den Anspruch, ohne weiteres dabeizusein und mitreden zu können. Das eigene Menschsein, das eigene Schicksal und die eigene Erfahrung gelten als genügende Voraussetzung.

Die Forderung der Zugänglichkeit der Philosophie für jedermann muß anerkannt werden. Die umständlichsten Wege der Philosophie, die die Fachleute der Philosophie gehen, haben doch ihren Sinn nur, wenn sie münden in das Menschsein, das dadurch bestimmt ist, wie es des Seins und seiner selbst darin gewiß wird.

Zweitens: Das philosophische Denken muß jederzeit ursprünglich sein. Jeder Mensch muß es selber vollziehen.

Ein wunderbares Zeichen dafür, daß der Mensch als solcher ursprünglich philosophiert, sind die Fragen der Kinder. Gar nicht selten hört man aus Kindermund, was dem Sinne nach unmittelbar in die Tiefe des Philosophierens geht. Ich erzähle Beispiele:

Ein Kind wundert sich: »Ich versuche immer zu denken, ich sei ein anderer, und bin doch immer wieder ich.« Dieser Knabe rührt an einen Ursprung aller Gewißheit, das Seinsbewußtsein im Selbstbewußtsein. Er staunt vor dem Rätsel des Ichseins, diesem aus keinem anderen zu Begreifenden. Er steht fragend vor dieser Grenze.

Ein anderes Kind hört die Schöpfungsgeschichte: Am Anfang schuf Gott Himmel und Erde ..., und fragt alsbald: »Was war denn vor dem Anfang?« Dieser Knabe erfuhr die Endlosigkeit des Weiterfragens, das Nicht-halt-machen-Können des Verstandes, daß für ihn keine abschließende Antwort möglich ist.

Ein anderes Kind läßt sich bei einem Spaziergang angesichts einer Waldwiese Märchen erzählen von den Elfen, die dort nächtlich ihre Reigen aufführen ... »Aber die gibt es doch gar nicht ...« Man erzählt ihm nun von Realitäten, beobachtet die Bewegung der Sonne, erklärt die Frage, ob sich die Sonne bewege oder die Erde sich drehe, und bringt die Gründe, die für die Kugelgestalt der Erde und ihre Bewegung um sich selbst sprechen ... »Ach, das ist ja gar nicht wahr«, sagt das Mädchen und stampft mit dem Fuß auf den Boden, »die Erde steht doch fest. Ich glaube doch nur, was ich sehe.« – Darauf: »Dann glaubst du nicht an den lieben Gott, den kannst du doch auch nicht sehen.« – Das Mädchen stutzt und sagt dann sehr entschieden: »Wenn er nicht wäre, dann wären wir doch gar nicht da.« Dieses Kind wurde ergriffen von dem Erstaunen des Daseins: es ist nicht durch sich selbst. Und es begriff den Unterschied des Fragens: ob es auf einen Gegenstand in der Welt geht oder auf das Sein und unser Dasein im Ganzen.

Ein anderes Mädchen geht zum Besuch eine Treppe hinauf. Es wird ihm gegenwärtig, wie doch alles immer anders wird, dahinfließt, vorbei ist, als ob es nicht gewesen wäre. »Aber es muß doch etwas Festes geben können ..., daß ich jetzt hier die Treppe zur Tante hinaufgehe, das will ich behalten.« Das Staunen und Erschrecken über die universale Vergänglichkeit im Hinschwinden sucht sich einen hilflosen Ausweg.

Wer sammeln würde, könnte eine reiche Kinderphilosophie berichten. Der Einwand, die Kinder hätten das vorher von Eltern oder anderen gehört, gilt offenbar gar nicht für die ernsthaften Gedanken. Der Einwand, daß diese Kinder doch nicht weiter philosophieren und daß also solche Äußerungen nur zufällig sein könnten, übersieht eine Tatsache: Kinder besitzen oft eine Genialität, die im Erwachsenwerden verlorengeht. Es ist, als ob wir mit den Jahren in das Gefängnis von Konventionen und Meinungen, der Verdeckungen und Unbefragtheiten eintreten, wobei wir die Unbefangenheit des Kindes verlieren. Das Kind ist noch offen im Zustand des sich hervorbringenden Lebens, es fühlt und sieht und fragt, was ihm dann bald entschwindet. Es läßt fallen, was einen Augenblick sich ihm offenbarte, und ist überrascht, wenn die aufzeichnenden Erwachsenen ihm später berichten, was es gesagt und gefragt habe.

Drittens: Ursprüngliches Philosophieren zeigt sich wie bei Kindern so bei Geisteskranken. Es ist zuweilen – selten –, als ob die Fesseln der allgemeinen Verschleierungen sich lösten und ergreifende Wahrheit spräche. Im Beginn mancher Geisteskrankheiten erfolgen metaphysische Offenbarungen erschütternder Art, die zwar durchweg in Form und Sprache nicht von dem Range sind, daß ihre Kundgabe eine objektive Bedeutung gewänne, außer in Fällen wie dem Dichter Hölderlin oder dem Maler van Gogh. Aber wer dabei ist, kann sich dem Eindruck nicht entziehen, daß hier eine Decke reißt, unter der wir gemeinhin unser Leben führen. Manchem Gesunden ist auch die Erfahrung unheimlich tiefer Bedeutungen im Erwachen aus dem Schlafe bekannt, die sich bei vollem Wachsein wieder verlieren und nur fühlbar machen, daß wir nun nicht mehr hindurchdringen. Es ist ein tiefer Sinn in dem Satz: Kinder und Narren sagen die Wahrheit. Aber die schaffende Ursprünglichkeit, der wir die großen philosophischen Gedanken schulden, liegt doch nicht hier, sondern bei einzelnen, die in ihrer Unbefangenheit und Unabhängigkeit als wenige große Geister in den Jahrtausenden aufgetreten sind.

Viertens: Da die Philosophie für den Menschen unumgänglich ist, ist sie jederzeit da in einer Öffentlichkeit, in überlieferten Sprichwörtern, in geläufigen philosophischen Redewendungen, in herrschenden Überzeugungen, wie etwa in der Sprache der Aufgeklärtheit, der politischen Glaubensanschauungen, vor allem aber vom Beginn der Geschichte an in Mythen. Der Philosophie ist nicht zu entrinnen. Es fragt sich nur, ob sie bewußt wird oder nicht, ob sie gut oder schlecht, verworren oder klar wird. Wer die Philosophie ablehnt, vollzieht selber eine Philosophie, ohne sich dessen bewußt zu sein.

Was ist nun die Philosophie, die so universell und in so sonderbaren Gestalten sich kundgibt?

Das griechische Wort Philosoph (philosophos) ist gebildet im Gegensatz zum Sophos. Es heißt: der die Erkenntnis (das Wesen) Liebende im Unterschied von dem, der im Besitze der Erkenntnis sich einen Wissenden nannte. Dieser Sinn des Wortes besteht bis heute: Das Suchen der Wahrheit, nicht der Besitz der Wahrheit ist das Wesen der Philosophie, mag sie es noch so oft verraten im Dogmatismus, das heißt in einem in Sätzen ausgesprochenen, endgültigen, vollständigen und lehrhaften Wissen. Philosophie heißt: auf dem Wege sein. Ihre Fragen sind wesentlicher als ihre Antworten, und jede Antwort wird zur neuen Frage.

Aber dieses Auf-dem-Wege-Sein – das Schicksal des Menschen in der Zeit – birgt in sich die Möglichkeit tiefer Befriedigung, ja in hohen Augenblicken einer Vollendung. Diese liegt nie in einem aussagbaren Gewußtsein, nicht in Sätzen und Bekenntnissen, sondern in der geschichtlichen Verwirklichung des Menschseins, dem das Sein selbst aufgeht. Diese Wirklichkeit in der Situation zu gewinnen, in der jeweils ein Mensch steht, ist der Sinn des Philosophierens.

Suchend auf dem Wege sein, oder: Ruhe und Vollendung

des Augenblicks finden – das sind keine Definitionen der Philosophie. Philosophie hat nichts Übergeordnetes, nichts Nebengeordnetes. Sie ist nicht aus einem andern abzuleiten. Jede Philosophie definiert sich selbst durch ihre Verwirklichung. Was Philosophie sei, das muß man versuchen. Dann ist Philosophie in eins der Vollzug des lebendigen Gedankens und die Besinnung auf diese Gedanken (die Reflexion) oder das Tun und das Darüber-Reden. Aus dem eigenen Versuch heraus erst kann man wahrnehmen, was in der Welt als Philosophie uns begegnet.

Aber wir können weitere Formeln vom Sinn der Philosophie aussprechen: Keine Formel erschöpft diesen Sinn, und keine erweist sich als die einzige. Wir hören aus dem Altertum: Philosophie sei (je nach ihrem Gegenstand) Erkenntnis der göttlichen und menschlichen Dinge, Erkenntnis des Seienden als Seienden, sei weiter (ihrem Ziel nach) Sterben lernen, sei das denkende Erstreben der Glückseligkeit, Anähnlichung an das Göttliche, sei schließlich (ihrem umgreifenden Sinne nach) das Wissen alles Wissens, die Kunst aller Künste, die Wissenschaft überhaupt, die nicht auf ein einzelnes Gebiet gerichtet sei.

Heute läßt sich von der Philosophie vielleicht in folgenden Formeln sprechen; ihr Sinn sei:

die Wirklichkeit im Ursprung erblicken –

die Wirklichkeit ergreifen durch die Weise, wie ich denkend mit mir selbst umgehe, im inneren Handeln –

uns aufschließen für die Weite des Umgreifenden –

Kommunikation von Mensch zu Mensch durch jeden Sinn von Wahrheit in liebendem Kampfe wagen –

Vernunft noch vor dem Fremdesten und vor dem Versagenden geduldig und unablässig wach erhalten.

Philosophie ist das Konzentrierende, wodurch der Mensch er selbst wird, indem er der Wirklichkeit teilhaftig wird.

Obgleich Philosophie jeden Menschen, ja das Kind in Gestalt einfacher und wirksamer Gedanken bewegen kann, ist ihre bewußte Ausarbeitung eine nie vollendete und jederzeit sich wiederholende, stets als ein gegenwärtiges Ganzes sich vollziehende Aufgabe – sie erscheint in den Werken der großen Philosophen und als Echo bei den kleineren. Das Bewußtsein dieser Aufgabe wird, in welcher Gestalt auch immer, wach sein, solange Menschen Menschen bleiben.

Nicht erst heute wird Philosophie radikal angegriffen und im Ganzen verneint als überflüssig und schädlich. Wozu sei sie da? Sie halte nicht stand in der Not.

Kirchlich autoritäre Denkart hat die selbständige Philosophie verworfen, weil sie von Gott entferne, zur Weltlichkeit verführe, mit Nichtigem die Seele verderbe. Die politisch-totalitäre Denkart erhob den Vorwurf: die Philosophen hätten die Welt nur verschieden interpretiert, es komme aber darauf an, sie zu verändern. Beiden Denkarten galt Philosophie als gefährlich, denn sie zersetze die Ordnung, sie fördere den Geist der Unabhängigkeit, damit der Empörung und Auflehnung, sie täusche und lenke den Menschen ab von seiner realen Aufgabe. Die Zugkraft eines uns vom offenbarten Gott erleuchteten Jenseits oder die alles für sich fordernde Macht eines gottlosen Diesseits, beide möchten die Philosophie zum Erlöschen bringen.

Dazu kommt vom Alltag des gesunden Menschenverstandes her der einfache Maßstab der Nützlichkeit, an dem die Philosophie versagt. Thales, der für den frühesten der griechischen Philosophen gilt, wurde schon von der Magd verlacht, die ihn bei Beobachtung des Sternenhimmels in den Brunnen fallen sah. Warum suchte er das Fernste, wenn er im Nächsten so ungeschickt ist!

Die Philosophie soll sich also rechtfertigen. Das ist unmöglich. Sie kann sich nicht rechtfertigen aus einem anderen, für das sie infolge ihrer Brauchbarkeit Berechtigung habe. Sie kann sich nur wenden an die Kräfte, die in jedem Menschen in der Tat zum Philosophieren drängen. Sie kann wissen, daß sie eine zweckfreie, jeder Frage nach Nutzen und Schaden in der Welt enthobene Sache des Menschen als solchen betreibt und daß sie sich verwirklichen wird, solange Menschen leben. Noch die ihr feindlichen Mächte können nicht umhin, den ihnen selbst eigenen Sinn zu denken und dann zweckgebundene Denkgebilde hervorzubringen, die ein Ersatz der Philosophie sind, aber unter den Bedingungen einer gewollten Wirkung stehen – wie der Marxismus, der Faschismus. Auch diese Denkgebilde bezeigen noch die Unausweichlichkeit der Philosophie für den Menschen. Die Philosophie ist immer da.

Nicht kämpfen kann sie, nicht sich beweisen, aber sich mitteilen. Sie leistet keinen Widerstand, wo sie verworfen wird, sie triumphiert nicht, wo sie gehört wird. Sie lebt in der Einmütigkeit, die im Grunde der Menschheit alle mit allen verbinden kann.

Philosophie in großem Stil und im systematischen Zusammenhang gibt es seit zweieinhalb Jahrtausenden im Abendland, in China und Indien. Eine große Überlieferung spricht uns an. Die Vielfachheit des Philosophierens, die Widersprüche und die sich gegenseitig ausschließenden Wahrheitsansprüche können nicht verhindern, daß im Grunde ein Eines wirkt, das niemand besitzt und um das jederzeit alle ernsten Bemühungen kreisen: die ewige eine Philosophie, die philosophia perennis. Auf diesen geschichtlichen Grund unseres Denkens sind wir angewiesen, wenn wir mit hellstem Bewußtsein und wesentlich denken wollen.

Robert C. Solomon, Kathleen M. Higgins
Philosophie in Amerika

Nietzsches Ablehnung der Wahrheit zugunsten des Lebens wurde in der Neuen Welt, die jetzt selbst zum Objekt beträchtlicher philosophischer Spekulationen in Europa (nun der »Alten Welt«) wurde, voller Interesse aufgenommen. Doch die amerikanische Philosophie sollte noch eine ganze Weile brauchen, bis sie einen eigenen Standpunkt entwickelte. Es ist symptomatisch, daß eine der ersten erfolgreichen philosophischen Schulen in Amerika eine Gruppe von Hegelianern in Saint Louis, Missouri, also mitten im Land, war. In Harvard und auch anderswo lieferten Deutschland und England die philosophischen Vorbilder. Sogar heute noch sind die neuesten philosophischen Moden von New York bis Kalifornien oft nur Importe aus Frankreich.

Die frühen Siedler hatten andere Sorgen als die Beschäftigung mit europäischen Philosophen und Moden. Die neuen Siedlungen waren oft in Gefahr, so daß es ratsam war, sich den unmittelbaren Anforderungen des praktischen Lebens zu stellen. Dementsprechend zeichnete sich die amerikanische Philosophie von Anfang an durch einen ausgesprochenen Sinn für Sachlichkeit, Praxis und Pragmatik aus.

Die philosophische Geschichte der Neuen Welt (und insbesondere von Neuengland, also den sechs nordöstlichen Staaten der USA) begann mit religiösen Auseinandersetzungen und separatistischen Bewegungen. Viele der frühen Siedler hatten Europa auf der Suche nach religiöser Freiheit und Toleranz verlassen, doch sobald sie sie gefunden hatten, bewiesen sie selbst keine große Toleranz mehr. Das erste Werk der amerikanischen Literatur war ein Versuch, die puritanische Doktrin zu stärken, Michael Wigglesworths *The Day of Doom: or a Poetical Description of the Great and Last Judgment* von 1662. Die Predigten von Jonathan Edwards (1703–1758), einem puritanischen Geistlichen aus den Neuenglandstaaten, sollten ebenfalls dazu dienen, die religiöse Doktrin zu unterstützen. Edwards beschrieb darin das, was er als Grundglauben des Protestantismus verstand, nämlich daß wir in einem Zustand der »Verderbtheit« geboren werden und Erlösung nur durch Gottes Gnade finden können. Der Hang zum Religiösen im allgemeinen sowie die Entstehung neuer religiöser Bewegungen im besonderen hatten sehr viel mit dem neuen amerikanischen Temperament zu tun. Die katholische Kirche in Rom bestand schon seit mehr als 1500 Jahren, die Halbwertszeit mancher Kirchen in den Neuenglandstaaten schien lediglich ein paar Monate zu betragen.

Auch als Städte gegründet und Plantagen angelegt worden waren und die Siedler allmählich Geld verdienten, übte die Philosophie offensichtlich noch keinen großen Reiz auf die Händler und Farmer aus, die immer weiter in die Wildnis nach Westen vordrangen und den Grundstein für das spätere Amerika legten. In den Kolonien gab es nur wenige philosophisch begabte Denker, die meisten von ihnen Anwälte und Geschäftsleute, unter ihnen Thomas Jefferson (1743–1826), der Verfasser der Unabhängigkeitserklärung, und Benjamin Franklin (1706–1790), der in den revolutionären Ideen der Aufklärung eine Ideologie (bzw. eine Reihe komplexer Ideologien) fand, auf die sich eine neue Nation gründen ließ. So wurden die Vereinigten Staaten zum Land der Ideen. Sie wurden zum ersten oder zumindest bekanntesten modernen Beispiel für eine Nation, die sich von Anfang an auf eine eigene Verfassung berief. Die amerikanische Philosophie blieb aber im wesentlichen eine akademische Angelegenheit, während die breite Öffentlichkeit, auch die gebildeten Schichten, sich durch einen wachsenden Anti-Intellektualismus und Ignoranz gegenüber der Philosophie auszeichneten.

Als Amerika industrialisierter und städtischer wurde, führte die Wiederbelebung romantischer Ideale dazu, daß man sich gegen Behaglichkeit und Konsumdenken aussprach und das einfache Leben propagierte. Im neunzehnten Jahrhundert feierten die amerikanischen Philosophen die erhabeneren Aspekte der Naturschönheiten ihres Landes.

Auch Emigranten aus Europa entwickelten Philosophien, die die Natur als Quelle spiritueller Anregung in den Mittelpunkt stellten. Und je größer die amerikanischen Städte wurden und je mehr Probleme diese hatten, desto öfter tauchte das Ideal der Natur im amerikanischen Denken auf. Henry David Thoreau (1817–1862) zum Beispiel war der bekannteste einer langen Reihe selbsternannter Einsiedler; er ließ sich am Walden Pond bei Concord in Massachusetts nieder. Thoreau war ein Anarchist ohne richtigen Beruf und lobte das einfache Leben des einzelnen in der Natur gegenüber dem städtischen Leben des Handels, das so viele seiner Zeitgenossen anzog. Seine Abneigung gegen die Exzesse der zivilisierten Gesellschaft veranlaßten ihn sogar dazu, den bürgerlichen Ungehorsam als friedliches Mittel zur Durchsetzung wichtiger gesellschaftlicher Reformen zu propagieren. Sein Essay *Civil Disobedience* hatte bleibenden Einfluß; auf ihn beriefen sich sowohl Mahatma Gandhi als auch Martin Luther King in ihrem Widerstand gegen Imperialismus und Rassendiskriminierung.

Der Exzentriker Thoreau war Teil einer größeren philosophischen Bewegung, des New England Transcendentalism, der seine Blütezeit zwischen 1836 und 1860 erlebte. Die großen »Transzendentalisten« in den Neuenglandstaaten waren unmittelbare philosophische Nachkommen Kants und Hegels. Ralph Waldo Emerson (1803–1882) zum Beispiel betonte die spirituelle Bedeutung der Natur. Ähnlich wie Hegel glaubte auch Emerson, daß die Menschheit durch eine kollektive »All-Seele« verbunden sei, die intuitive moralische Anleitung gebe. Emerson propagierte die Unabhängigkeit als ultimative Tugend und kombinierte Gedanken der Aufklärung und der europäischen Romantik mit progressiven Ideen für soziale Reformen, besonders die Abschaffung der Sklaverei und die Einführung des Frauenwahlrechts. Die Transzendentalisten waren Optimisten, überzeugt von der angeborenen Güte des Menschen und begeistert über sein Potential. Emerson entwickelte die Philosophie des säkularen Humanismus, die von zeitgenössischen Vertretern der protestantischen Kirche bisweilen geschmäht wurde. Doch genau wie der Humanismus seine Wurzeln in der christlichen Religion hat, basiert auch der säkulare Humanismus auf Religiosität.

Die Beeinflussung der Transzendentalisten durch die europäische Romantik und deren Vertreter machte den amerikanischen Intellektuellen dann bald doch zu schaffen. Die Amerikaner hatten ziemlich selbstbewußt vieles von dem zurückgewiesen, was eindeutig europäisch war, und sie waren im allgemeinen stolz auf ihre Originalität und ihren Einfallsreichtum. Daraus ergab sich das Bedürfnis nach einer genuin amerikanischen Philosophie. Die amerikanische Philosophie sollte sich deutlich von den scholastischen und metaphysischen Reflexionen Europas unterscheiden. Sie würde auf einer ganz und gar amerikanischen Art des Denkens beruhen – sie wäre also praktisch und nüchtern, eine Spiegelung der amerikanischen Erfahrung. Diese Philosophie war der Pragmatismus.

Charles Sanders Peirce (1839–1914), ein Philosoph in Harvard, entwickelte seinen Pragmatismus als Korrektiv der plumpen und unexakten wissenschaftlichen Methoden seiner Zeit. Peirce war primär Logiker und ist am bekanntesten für seine Entwicklung einer Theorie der Zeichen und ihrer Beziehungen zueinander. Doch er beschäftigte sich nicht nur mit der Mathematik und der Logik formaler Zeichen, sondern stellte auch den Sinn und die Brauchbarkeit vermeintlich »ewiger« Überzeugungen für einen »apriorischen« Beweisgang in Frage. Als Pragmatiker bestand er darauf, daß wir die Zuverlässigkeit unserer Überzeugungen immer wieder überprüfen und jene verwerfen, die diese Prüfung nicht bestehen.

William James (1842–1910), der Bruder des Romanciers Henry James, sah das Hauptanliegen des Pragmatismus in seiner neuerlichen Betonung der Erfahrung, in einem »radikalen Empirismus«, der sich auf keinen der Kompromisse einließ, die der ältere Empirismus eingegangen war. James prägte den Begriff »Bewußtseinsstrom« und lebte und arbeitete im Grenzbereich zwischen Philosophie und Psychologie.

Er interessierte sich als einer der ersten Amerikaner für die neue Disziplin der Neurologie; sein zweibändiges Werk *The Principles of Psychology*, das heute natürlich überholt ist, gilt nichtsdestotrotz nach wie vor als einer der Klassiker auf diesem Gebiet. James interessierte sich nicht nur für die Wissenschaft, sondern auch für die Probleme des Alltagslebens. Folglich machte er den Pragmatismus als erster einer breiteren Öffentlichkeit zugänglich. (Wir sollten erwähnen, daß Peirce diese Popularisierung voller Verachtung betrachtete und seine eigenen Lehren von denen seines Konkurrenten unterschied, indem er ihnen die Bezeichnung »Pragmatizismus« gab, ein so häßliches Wort, daß jeder vor seiner Verwendung zurückschrecken würde.)

Unsere Gedanken haben, so James, nur dann Sinn, wenn sie einen »Geldwert« besitzen, das heißt, wenn sie tatsächlich in der Praxis brauchbar sind. Gute Ideen sind für etwas gut. Doch trotz dieser praktischen Ausrichtung tat James die Bedeutung von Religion und Moral nicht einfach ab. Er erachtete die religiöse Erfahrung vielmehr als unverzichtbaren Aspekt des »praktischen« Lebens eines Menschen. Die religiöse Erfahrung war seiner Meinung nach wichtiger als die religiöse Doktrin, doch James sah, daß moralische und religiöse Überzeugungen durchaus »Geldwert« haben konnten, wenn sie uns halfen, unserem Leben Orientierung und Sinn zu geben.

Seine Betonung der Erfahrung macht die andauernde Wirkung von William James auf die amerikanische Philosophie und benachbarte Disziplinen wie Geschichte, Journalismus und Literaturkritik begreiflich. »Erfahrung« ist genau das, worum sich im Amerika des 20. Jahrhunderts alles zu drehen scheint, sowohl in der Entwicklung immer neuer Medien als auch in der Erfindung der sogenannten »Erlebniskultur« (hierbei handelt es sich nicht nur um Unterhaltung, sondern um das mittelbare Erleben von Abenteuern und den Flirt mit der Gefahr). In der Philosophie zeitigte diese Betonung der Erfahrung auch eine Verschiebung in Richtung Pluralismus, der die Legitimität unterschiedlicher Erfahrungs- und Lebensweisen propagiert – die perfekte Philosophie also für eine immer multi-kulturellere Gesellschaft aus ehrgeizigen, wagemutigen Einwanderern.

Der Hauptvertreter des Pragmatismus im 20. Jahrhundert und vielleicht *der* amerikanische Philosoph überhaupt war John Dewey (1859–1952). Dewey wurde beeinflußt von Hegel und stellte seine Lehren als junger Philosoph mit großem Eifer vor. Obwohl er sich später von Hegel entfernte, baute Dewey seine gesamte Philosophie auf einem hegelianischen Konzept von dynamischer Einheit auf. Er wehrte sich sein Leben lang gegen alle übertriebenen Dualismen – von Geist und Körper, notwendigen und kontingenten Lehrsätzen, Ursache und Wirkung, Säkularem und Transzendentem –, die die Erfahrung eher fragmentarisieren als erklären und die seiner Ansicht nach philosophischen Fortschritt unmöglich machen. Dewey war Antireduktionist; ihm waren ausführliche Theorien und funktionales Verständnis – »Wie funktioniert das?«, »Wie paßt das?« – wichtiger als die statische, abstrakte Analyse.

Deweys Ausrichtung des Pragmatismus, der sogenannte Instrumentalismus, behandelt die Gedanken als Werkzeuge bei unseren Bemühungen, die praktischen Probleme zu bewältigen. Mehr als jeder andere Pragmatiker betonte er die Praxis, als Art und Weise, die Dinge zu erlernen, nämlich indem wir sie tun. Diese Theorie der Erziehung, die oft wegen ihrer Großzügigkeit und Nachgiebigkeit verlacht wurde, beruht vor allen Dingen auf der Ansicht, daß Kinder lernen, indem sie etwas ausprobieren, nicht, indem sie zuhören oder lesen. Dewey kritisierte jene Philosophen, die ihr Wissen über die Menschheit aus der Beobachterperspektive gewonnen haben anstatt durch Partizipation. So setzte er an die Stelle der traditionellen Wissenschaftsphilosophie, die Methoden und Ergebnisse betonte, die Erkundung des Wesens von Forschung und Bildung. Erziehung ist Erfahrung, und Erfahrung ist der Prozeß der Problemlösung durch aktive Teilnahme – mit anderen Worten: das genaue Gegenteil der traditionellen Vermittlung von Wissen in der Schule.

PSYCHOLOGISCHES SOLO

Paul Watzlawick
Kurzzeittherapie

Das Konzept des strategischen Problemlösens

Der strategische Ansatz ist nicht eine einfache Theorie und Praxis auf dem Gebiet der Psychotherapie, sondern eine echte Denkschule, die sich mit der Frage beschäftigt, »wie« die Menschen sich zur Wirklichkeit verhalten oder, besser, wie jeder von uns sich zu sich selbst, zu den anderen und zur Welt in Beziehung setzt.

Die Grundannahme lautet: Die Wirklichkeit, die wir wahrnehmen und auf die wir reagieren, einschließlich der Probleme und der psychischen Störungen, ist das Ergebnis der Wechselwirkung zwischen dem Beobachtungsstandpunkt, den wir einnehmen, den Mitteln, die wir verwenden, und der Sprache, die wir benutzen, um diese Wirklichkeit mitzuteilen. Es gibt daher keine »wahre« Wirklichkeit, sondern nur so viele mögliche Wirklichkeiten, wie es mögliche Wechselwirkungen zwischen Subjekt(en) und Wirklichkeit gibt.

Aus dieser Annahme ergibt sich, daß jede geistig gesunde oder geistesgestörte Verfassung, in der wir uns befinden, das Produkt einer aktiven Beziehung zwischen uns und dem, was wir erleben, ist. Mit anderen Worten, *jeder konstruiert die Wirklichkeit, die er dann erfährt.*

Aus dieser Perspektive erscheinen die Geistesstörungen als Produkt einer dysfunktionalen Art der Wahrnehmung und Reaktion in der Konfrontation mit der Wirklichkeit, die das Subjekt durch seine Dispositionen und Handlungen buchstäblich selbst konstruiert hat. Dies ist ein »Konstruktionsprozeß«, in dem sich mit den Wahrnehmungsweisen des Subjekts auch seine Reaktionen verändern.

Das Konzept des strategischen problem solving, auf dem

die Kurzzeittherapie beruht, wird von dieser scheinbar so einfachen Logik gesteuert, die sich in der klinischen Praxis darin äußert, daß der Patient, häufig mit Hilfe von Tricks (Stratagemen) und Formen raffinierter Suggestion, die seine Widerstände unterlaufen, veranlaßt wird, alternative Wahrnehmungen seiner Wirklichkeit zu erproben. Solche neuen und korrigierenden Wahrnehmungserfahrungen sollen ihn dazu bringen, seine früheren dysfunktionalen emotionalen und kognitiven Dispositionen und Verhaltensmuster zu ändern.

Dennoch hatten es die strategischen Ansätze der Psychotherapie, obwohl sie sich in der konkreten Anwendung als die wirksamsten und leistungsfähigsten Modelle für die kurzfristige Lösung der meisten Geistes- und Verhaltensstörungen erwiesen haben (Nardone, 1991; de Shazer, 1991; Bloom, 1995), von ihrer ersten Formulierung (Weakland, Fisch, Watzlawick, Bodin, 1974) an sehr schwer, von der Gemeinschaft der Psychotherapeuten anerkannt zu werden. Denn diese, in ihrer Mehrheit in den psychodynamischen Langzeittherapiemodellen geschult, hatten, was hinsichtlich ihrer gesellschaftlichen Rolle paradox scheint, die Vorstellung verworfen, daß es möglich sein könnte, die menschlichen Probleme innerhalb kurzer Zeit zu lösen, auch wenn dies konkret bewiesen werden konnte (Bloom, 1995).

Die Wissenschaftsgeschichte weist im übrigen so viele Beispiele von Widerstand gegen eine Veränderung der für »wahr« gehaltenen Theorien auf, daß es sich erübrigt, die erwähnte feindselige Haltung gegenüber dem Neuen und anderen mit der Haltung zu vergleichen, die die heilige Inquisition gegenüber den Entdeckungen Galileis einnahm: Wenn die Tatsachen nicht mit der Theorie (oder dem Glauben) übereinstimmen, um so schlimmer für die Tatsachen. Wir brauchen uns nur zu erinnern, wie schwer es Einsteins Relativitätstheorie und Heisenbergs Quantenmechanik hatten, die früheren positivistischen Formulierungen in der Physik abzulösen, obwohl sie experimentell bewiesen worden waren. Wenn die anwendungstheoretischen Formulierungen autoimmunisierende Theorien werden, ist es in der Tat natürlich, daß sie sich tapfer ihrer eigenen Veränderung widersetzen, da sie als »autoreferentielle« Systeme (von Foerster, 1973) auf der Grundlage des Mechanismus der »Autopoiesis« (Maturana, Varela, 1980) funktionieren, und vor allem für die Personen, die an sie »glauben«, die Grundlage ihrer persönlichen Identität darstellen (Salvini, 1995), deren Stabilität zu schützen ist, denn wenn die Theorie, an die sie glauben, in sich zusammenbricht, bricht auch ihre persönliche Identität auseinander. Und vergessen wir nicht, daß Milton H. Erickson wegen seiner »unorthodoxen« Therapieansätze zu Beginn seiner brillanten Karriere aus der American Psychiatry Association ausgeschlossen wurde.

Um all dem vorzubeugen, haben die Forscher und Autoren der strategischen Kurzzeittherapie im Laufe von mehr als 20 Jahren jedoch eine solche Fülle von wissenschaftlichen Arbeiten vorgelegt, daß dieser Ansatz in seinen verschiedenen Formulierungen eine fast inflationäre Verbreitung gefunden hat.

Die strategische Therapie ist eine in der Regel kurze therapeutische Intervention, deren Ziel die Beseitigung der Symptome und die Lösung des vom Patienten dargestellten Problems ist. Dieser Ansatz ist weder eine Verhaltenstherapie noch eine oberflächliche Symptomtherapie, sondern eine Umdeutung und Veränderung der Wirklichkeitswahrnehmung und der sich daraus ergebenden Verhaltensweisen des Patienten.

Der Grundgedanke ist folgender: Die Beseitigung der Störung erfordert das Durchbrechen des zirkulären Systems von Wechselwirkungen zwischen Individuum und Wirklichkeit, das die problematische Situation aufrechterhält, die Neudefinition der Situation und die entsprechende Veränderung der Wahrnehmungen und Auffassungen der Welt, die die Person zu gestörten Reaktionen zwingen.

Aus dieser Perspektive ist der Rückgriff auf Notizen oder Informationen über die Vergangenheit oder die sogenannte »klinische Geschichte« des Patienten nur ein Mittel, um bessere Lösungsstrategien für die gegenwärtigen Probleme entwickeln zu können, und kein therapeutisches Verfahren wie in den traditionellen Formen der Psychotherapie.

Anstatt die Vergangenheit seines Patienten zu erforschen, konzentriert der Therapeut von der ersten Begegnung mit dem Patienten an seine Aufmerksamkeit und die Bewertung auf folgende Punkte:

a) Was geschieht innerhalb der drei interdependenten Beziehungen, die der Patient mit sich selbst, mit den anderen und mit der Welt unterhält?

b) Wie funktioniert das präsentierte Problem in einem solchen Beziehungssystem?

c) Wie hat der Patient bis jetzt versucht, das Problem zu bekämpfen oder zu lösen (versuchte Lösungen)?

d) Wie kann diese problematische Situation auf die wirksamste und rascheste Weise verändert werden?

Nachdem gemeinsam mit dem Patienten auf der Grundlage der ersten therapeutischen Interaktionen (Diagnose) die Ziele der Therapie festgelegt worden sind, werden eine oder mehrere Hypothesen über die genannten Punkte gebildet und die Strategien zur Lösung des präsentierten Problems entwickelt und in die Praxis umgesetzt. Wenn die Intervention erfolgreich ist, beobachtet man beim Patienten in der Regel vom Anfang der Behandlung an eine deutliche *Besserung der Symptome* und eine *schrittweise Veränderung* der Art und Weise, wie er sich selbst, die anderen und die Welt wahrnimmt. Das bedeutet, daß sich die Perspektive, aus der heraus er die Wirklichkeit wahrnimmt, allmählich von der für das perzeptiv-reaktive System, das die problematische Situation aufrechterhält, typischen Starrheit zu einer flexibleren Wirklichkeitswahrnehmung und Einstellung zur Wirklichkeit hin verschiebt, verbunden mit einer allmählichen Stärkung der persönlichen Unabhängigkeit und des Selbstwertgefühls aufgrund der Feststellung, daß eine Lösung des Problems möglich ist ...

Einem alten Bonmot zufolge ist ein Optimist jemand, der sagt, eine Flasche sei halb voll, während ein Pessimist beklagt, daß sie halb leer sei – und doch meinen beide dieselbe Flasche und dieselbe Menge Wein. Der Unterschied, um den es hier geht, beruht auf ihrer unterschiedlichen Sicht derselben Wirklichkeit, doch es sollte zugleich klar sein, daß die eine Sicht nicht »richtiger«, »normaler« oder »wirklichkeitsangepaßter« ist als die andere. Ebenso handelte Alexander der Große, als er den Knoten, mit dem Gordios, der König der Phrygier, das Joch an die Deichsel seines Streitwagens gebunden hatte, durchschlug, ganz offensichtlich aufgrund einer anderen Sicht des Problems: Wie kann man den Wagen vom Joch trennen, und nicht: Wie kann man den Gordischen Knoten lösen (was vor ihm viele vergeblich versucht hatten). Und fünf Jahrhunderte später machte der griechische Stoiker Epiktet seine berühmte Aussage: »Nicht die Dinge an sich beunruhigen uns, sondern die Meinungen, die wir über die Dinge haben.«

Während die meisten, die in unserem Bereich arbeiten, zustimmen werden, daß die »Wirklichkeitsanpassung« einer Person das wichtigste Kriterium für ihre geistige Normalität oder ihre Geistesgestörtheit ist, sind sich nur wenige der Tatsache bewußt, daß wir, wenn wir über die Wirklichkeit sprechen, vermutlich zwei verschiedene Arten von Wirklichkeit miteinander vermengen: eine, die die physischen Eigenschaften der Gegenstände unserer Wahrnehmung betrifft, und eine zweite, die darauf beruht, daß wir diesen Gegenständen *Bedeutung* und *Wert* zuschreiben (Watzlawick, 1976). Genau dies meinte Epiktet offensichtlich.

Obwohl es unzweifelhaft wahr ist, daß im Fall einer besonders schweren Funktionsstörung diese Störung in die erste Wirklichkeit der Person, seine Wirklichkeit erster Ordnung, in Form von Wahnvorstellungen, Halluzinationen usw. eindringen kann, stellen wir fest, daß die überwältigende Mehrheit der menschlichen Probleme nur die zweite Wirklichkeit, die Wirklichkeit zweiter Ordnung, betrifft. Innerhalb dieses Bereichs gibt es jedoch kein objektives Kriterium dafür, was wirklich wirklich ist – denn die Bedeutung und/oder der Wert, die einem Gegenstand, einer Situation oder insbesondere der Art einer menschlichen Beziehung zugeschrieben werden, hat nichts mit angeblich objektiven platonischen Wahrheiten zu tun, derer geistig gesunde Menschen sich bewußter sind als verrückte. Wenn ein Ehemann beispielsweise seine Sicht der ehelichen Beziehung definiert, indem er erklärt: »Ich weiß, daß du mich verachtest«, und seine Frau unter Tränen erwidert: »Wie soll ich dich nur davon überzeugen, daß ich dich liebe«, dann gibt es keine Möglichkeit, objektiv festzustellen, wer recht hat und wer unrecht und welcher Art ihre Beziehung wirklich ist. Ebenso ist ein Lächeln ein objektiv verifizierbares Ereignis innerhalb unserer Wirklichkeit erster Ordnung. Seine Wirklichkeit zweiter Ordnung, das heißt, die Frage, ob es Sympathie oder Geringschätzung ausdrückt, liegt jenseits aller objektiven Nachprüfbarkeit. Um zu unserem Ausgangspunkt zurückzukehren: Ob die Flasche als halb voll oder halb leer gesehen wird, hat nichts mit der Flasche als solcher zu tun, sondern mit dem jeweiligen Bezugssystem der Person.

Ich behaupte, daß jede wirkungsvolle Psychotherapie in einer erfolgreichen Veränderung dieses Bezugssystems oder, anders ausgedrückt, der Bedeutung und des Werts besteht, die eine Person einem besonderen Wirklichkeitsaspekt zuschreibt und die je nach Art dieser Zuschreibung der Grund für ihren Schmerz und ihr Leiden sind. Dies mag als eine sehr willkürliche Definition von Therapie erscheinen und gewiß als eine, die oberflächlich und »unpsychologisch« klingt. Man sollte jedoch nicht vergessen, daß diese Definition selbst eine Umdeutung ist, die eine andere »Wirklichkeit« schafft und therapeutische Interventionen ermöglicht, die im Rahmen anderer Therapietheorien »unmöglich« sind. »Die Theorie bestimmt, was wir beobachten können«, sagte Einstein schon 1926 zu Heisenberg, und auf dem Gebiet der Psy-

chotherapie könnten wir seine Behauptung wie folgt para-
phrasieren: »Die Theorie bestimmt, was wir *tun* können.«
Um ein Beispiel zu geben:

Einem jungen, intelligenten Studenten fällt es immer
schwerer, sich auf sein Studium zu konzentrieren. Dies
macht ihn sehr besorgt, weil er Gefahr läuft zu versagen,
aber auch, weil ihn das Gebiet, das er gewählt hat, sehr interessiert und er glaubt, daß irgend etwas mit ihm nicht
stimmen kann, da das Studieren ihm so gar keine Freude
macht. Außerdem fühlt er sich schuldig, weil er eine finan-
zielle Last für seine Eltern ist, ohne als Dank für ihre Unter-
stützung irgendwelche Erfolge vorweisen zu können. Ein
Therapeut, der mit diesem Problem konfrontiert wird, kann
nun zwei ganz unterschiedliche Wege beschreiten. Er kann
einerseits den Widerstand des jungen Mannes gegen das Studieren analysieren und versuchen, die Gründe hierfür in der
Vergangenheit aufzudecken und dem Studenten dadurch
seine Situation verständlich zu machen. Die andere Möglichkeit, sich dem Problem zu nähern, würde darin bestehen,
sich mit seiner Grundprämisse zu befassen, nämlich, daß
Studieren etwas Erfreuliches sei und er seinen Eltern wirklich dankbar sein sollte. Dies kann dadurch erreicht werden,
daß der Therapeut ihm vor Augen führt, daß Studieren
selbst unter den besten Voraussetzungen eine unangenehme
Pflicht ist und daß seine Vorstellung, er müsse es trotzdem irgendwie mögen, einfach unrealistisch ist. Das gleiche gilt für
sein Gefühl, seinen Eltern verpflichtet zu sein: Dankbar sein
ist eine Sache, gern dankbar sein zu müssen eine ganz andere. Der Therapeut kann es ihm überlassen, seine unreali-
stische, unreife Einstellung zum Studium beizubehalten oder
die Reife und den Mut zu zeigen, eine herzliche Abneigung
dagegen zu haben. Er kann ihn sogar anweisen, jeden Tag
eine kurze, begrenzte Zeit dafür zu reservieren, all die unangenehmen Aspekte des Studierens zu überdenken, den Wettbewerb mit anderen Studenten, die Angst vor Prüfungen, die
Irrelevanz vieler Aspekte seines Studiums und die Beein-
trächtigung der angenehmeren Seiten des Studentenlebens

durch sie. All dies wird immer wieder als eine reife, realistische Einstellung dem Leben gegenüber beschrieben, das als eine Mischung von angenehmen und unangenehmen Dingen definiert wird. Gewöhnlich führt diese Art von Intervention dazu, daß sich die Leistung des Studenten verbessert, da seine Schwierigkeiten nicht in erster Linie daraus resultierten, daß er mit dem Studieren Probleme hatte, sondern daß seine Prämisse hinsichtlich des Studierens falsch war; diese Prämisse ist nun erfolgreich umgedeutet worden.

Ein anderes Beispiel aus dem gleichen Kontext wäre das eines Studenten, der behauptet, er könne nicht studieren, weil er sich zu sehr seinen außeruniversitären Aktivitäten widme. Ihm ist klar, daß er seinen Büchern mehr Zeit widmen sollte, und er versucht, sich zu zwingen, jeden Tag ein Minimum an Leistung zu erbringen, doch so eifrig und so lange er auch zu studieren versucht, es gelingt ihm einfach nicht, seinen schweifenden Geist auf seine Bücher zu konzentrieren. In diesem Fall kann eine Verbesserung ziemlich rasch durch eine Verhaltensverschreibung erreicht werden, die auf der Übereinkunft gründet, daß er lediglich eine vernünftige, aber begrenzte Zeit seinem Studium widmet und daß er danach, ganz gleich, wie viel oder wie wenig er erreicht hat, frei sein würde zu tun, was immer ihm beliebt, *außer* zu studieren. Diese Intervention läuft auf eine Umdeutung seiner Wirklichkeit zweiter Ordnung hinaus: Freizeit ist nicht länger eine überaus verlockende Alternative zum Studieren, sie ist jetzt vielmehr fast zu einer Strafe geworden (dem Dilemma vieler Menschen vergleichbar, die an Werktagen gern im Bett bleiben würden, am Samstag- und Sonntagmorgen aber, wenn sie so lange schlafen könnten, wie sie wollen, hellwach sind). Spiegelbildlich dazu verhält sich die bekannte Szene, in der Tom Sawyer, der verurteilt wurde, einen langen, hohen Zaun weiß zu streichen, diese Strafe für seine Freunde in ein Privileg umdeutet, an dem sie gegen eine Gebühr teilhaben dürfen.

Für den Kliniker, der mit den krassen Erscheinungsformen der Psychopathologie konfrontiert wird, wirken diese

Beispiele trivial. Wir erwähnen sie hier jedoch, weil sie in ihrer Einfachheit das Wesen dieser Art therapeutischer Intervention zeigen. Umdeuten bedeutet einer an anderer Stelle gegebenen Definition zufolge, »den begrifflichen und gefühlsmäßigen Rahmen, in dem eine Sachlage erlebt und beurteilt wird, durch einen andern zu ersetzen, der den ›Tatsachen‹ der Situation ebensogut oder sogar besser gerecht wird und dadurch ihre Gesamtbedeutung ändert« (Watzlawick, Weakland, Fisch, 1974).

Dies ist natürlich keine Psychologie mehr, sondern Ontologie, eine Disziplin, die der Logiker Quine einmal definierte als die Theorie des »Was da ist«. Doch was da ist, »wirklich ist«, wird von der Theorie bestimmt, und daher gibt es ebenso viele Wirklichkeiten (zweiter Ordnung), wie es Theorien gibt. Wir haben bereits gesehen, daß die Bedeutung und der Wert, die wir einem Gegenstand zuschreiben, für denjenigen, der diese Zuschreibung vornimmt, die Wirklichkeit zweiter Ordnung dieses Gegenstands schaffen, die dann für sein Leiden oder seine Freude verantwortlich ist. Die Umdeutung ist daher eng mit diesem unbeendbaren ontologischen Prozeß der Erzeugung von Wirklichkeiten zweiter Ordnung verbunden. Wenn sie erfolgreich ist, erzeugt sie für den Patienten tatsächlich eine neue Wirklichkeit (zweiter Ordnung), während die Wirklichkeit erster Ordnung seiner Welt, die »reinen Fakten«, unverändert (und gewöhnlich unveränderlich) bleibt.

Dieses Verfahren ruft Verwunderung hervor und provoziert ernsthafte theoretische Einwände, zuallererst: Wie kann eine so oberflächliche, manipulative Intervention, die das zugrundeliegende Problem unberührt läßt und sich um tiefere Einsicht nicht kümmert, eine dauerhafte Wirkung haben? Dieser Einwand beruht jedoch auf der unbezweifelten Annahme, daß es »natürlich« ein zugrundeliegendes Problem gibt, dessen Symptom (oder entsprechende pathologische Äußerungsform) lediglich seine Oberflächenerscheinung ist, und er übersieht, daß er selbst nur eine Bedeutungszuweisung (eine »Meinung« im Sinne Epiktets) ist und keineswegs eine korrekte Spiegelung einer objektiven Wirklichkeit. Die »Existenz« eines zugrundeliegenden Problems ist also nicht ein Aspekt der (objektiven) Natur des menschlichen *Geistes*, sondern eine notwendige Schlußfolgerung aus der Natur einer psychiatrischen *Theorie* (in diesem Fall aus der Psychodynamik), und die Theorie bestimmt, was getan werden kann und was nicht getan werden sollte. Es erübrigt sich zu sagen, daß die Umdeutung selbst ebenfalls nur eine solche Schlußfolgerung ist, die aus einer besonderen Theorie gezogen und von ihr möglich gemacht wurde, nämlich der Pragmatik der menschlichen Kommunikation (Watzlawick, Beavin, Jackson, 1967). Da wir jedoch mit einer Vielzahl häufig unvereinbarer und bisweilen widersprüchlicher Theorien konfrontiert sind, lautet die einzig sinnvolle Frage nicht, welche Theorie »richtiger« ist oder die Wirklichkeit besser widerspiegelt, sondern einfach nur, welche Theorie wirkungsvollere und raschere Resultate ermöglicht.

An diesem Punkt taucht der zweite und häufigste Einwand auf: Wie, wird gefragt, kann eine Person dazu gebracht werden, eine Interpretation von »Wirklichkeit« zu akzeptieren, die sich von ihrer eigenen so sehr unterscheidet? Auf diese Frage gibt es zwei Antworten. Die erste lautet, daß erfolgreiche Umdeutung in einer »Sprache« stattfinden muß, die kongenial ist und daher zu der Art und Weise, wie der Patient seine Welt konzeptualisiert, das heißt zu seiner Wirklichkeit zweiter Ordnung paßt. In diesem Zusammenhang muß die bahnbrechende Arbeit von Milton H. Erickson (Haley, 1973) erwähnt werden und sein Konzept: »Nimm, was der Patient dir bringt.« Das bedeutet für den Therapeuten, daß er lernen muß, mit seinem Patienten in dessen eigener »Sprache« zu kommunizieren, anstatt ihm – wie es in den konventionelleren Therapietechniken der Fall ist – zunächst die neue Art des Denkens und der Begriffsbildung beizubringen und erst, nachdem dieser Lernprozeß stattgefunden hat, zu versuchen, eine Änderung herbeizuführen. Die Fähigkeit, die Wirklichkeitssicht des Patienten zu übernehmen, ist besonders bei der Hypnose wichtig, sie ist aber auch in der allgemeinen Psychotherapie von Nutzen. Bei diesem Ansatz ist der Widerstand nicht nur kein Hindernis mehr, sondern er wird geradezu zum Königsweg therapeutischer Veränderung. Das führt zum zweiten Gesichtspunkt, nämlich der Verwendung der Paradoxien (therapeutische Doppelbindungen), mit dem Ziel, die Umdeutung für den Patienten akzeptabel oder sogar zwingend zu machen. Auch dies sei an einem Beispiel erläutert:

Ein Mann in den 30ern leidet in Zeiten vermehrter Aktivität der Sonnenflecke unter großer Anspannung. Er zieht sorgfältig alle verfügbaren Informationen über Sonnenflecke zu Rate und findet klare Beweise für ihre Wirkung nicht nur auf die weltweiten Funkverbindungen, sondern auch auf sein Nervensystem. Er kann diese Perioden mehr oder weniger vorhersagen aufgrund rasch zunehmender Nervosität, die es ihm schließlich unmöglich macht, zur Arbeit zu gehen, und ihn zwingt, im Bett zu bleiben. Freunde und Verwandte haben ihn auf die Absurdität dieser Vorstellung hingewiesen, und rein verstandesmäßig ist er geneigt, ihnen recht zu geben, andererseits kann er aber auch nicht ignorieren, wie er sich fühlt. Er erwähnt auch, daß er bereits ein paar fehlgeschlagene Therapieversuche hinter sich hat, nach denen er sich nur noch schlechter gefühlt hatte. Unter diesen Umständen kann ein Therapeut wiederum sehr unterschiedliche Wege beschreiten. Auf der einen Seite gibt es eine große Zahl möglicher Interventionen, deren gemeinsamer Nenner ist, daß sie alle auf die eine oder andere Weise voraussetzen, daß das Problem gelöst werden sollte und gelöst werden kann. Hierfür ist der Patient bestens vorbereitet; er hat gelernt, wie er sich dagegen wehren kann. Das bedeutet nicht, daß er sich »bewußt« oder »absichtlich« oder aus Böswilligkeit wehrt, sondern lediglich, daß die typische Art der Reaktion auf Hilfe darin besteht, daß man darauf hinweist, dies sei noch nicht die richtige Art von Hilfe, das Problem liege sehr viel tiefer und erfordere intensivere und bessere Hilfe. Dadurch wird ein Teufelskreis in Gang gesetzt und in Gang gehalten.

Die andere Herangehensweise besteht darin, sein Problem

dahingehend umzudeuten, daß es überaus wünschenswerte Nebenwirkungen hat: Er habe doch sicherlich bemerkt, wieviel Sympathie und Bereitschaft, ihm in seiner Zwangslage zu helfen, in anderen Menschen geweckt werde, wie bereit sie dadurch würden, ihm entgegenzukommen und ihn zu entlasten, wie viele unangenehme Verpflichtungen und Verantwortungen er dadurch umgehen könne usw. Die Haupttriebkraft der Umdeutung ist daher: Ihr Problem ist eine gute Sache, warum sollten Sie also etwas daran ändern wollen? Auf diese Definition der Wirklichkeit seiner Situation ist der Patient nicht vorbereitet. Er ist es gewohnt, daß ihm Hilfe angeboten wird (die er dann als untauglich oder unzureichend ablehnt) und ihm nicht gesagt wird, er solle weiterhin das tun, was er doch ändern möchte. Vor allem aber wird er die Umdeutung vermutlich deswegen ablehnen, weil sie eine abscheuliche, berechnende Absicht hinter der Fassade der Verzweiflung unterstellt, allerdings kann er auch nicht ganz von der Hand weisen, daß diese Erklärung letzten Endes ebensogut zu den Fakten paßt wie die Theorie der Sonnenflecke. Wenn der Therapeut ihn dann anweist, sich noch stärker so zu verhalten, wie er es bisher getan hat, das heißt, diese Vorteile (die der Patient nicht als Vorteile gelten lassen kann) voll auszunutzen, entsteht eine paradoxe Situation, in der der Patient in jedem Fall verändert wird, ob er der Anweisung nun folgt oder nicht. Denn wenn er sein symptomatisches Verhalten beibehält, kann der Therapeut ihn dafür loben, daß er die Umdeutung angenommen hat, und ihn ermutigen, so weiterzumachen, was bedeutet, daß der Patient letztlich insofern die Kontrolle über sein Symptom hat, daß er es verstärken (und daher auch reduzieren) kann; wenn er aber die entgegengesetzte Haltung einnimmt und dem Therapeuten beweisen will, daß seine Umdeutung falsch sei, dann braucht er den Einfluß auf seine Umgebung nur ein wenig durch seine Hilflosigkeit zurückzunehmen, und auch dies führt zu einer Abschwächung seines symptomatischen Verhaltens.

Die Zurückweisung einer Umdeutung ist also nicht nur

ein Hindernis für therapeutische Veränderung, sondern häufig eine wünschenswerte Vorbedingung dafür. Don D. Jackson, der Gründer und erste Direktor unseres Instituts, behandelte einmal ein Paar, dessen Hauptproblem heftige symmetrische Eskalationen waren, die nur von kurzen Perioden physischer und emotionaler Erschöpfung unterbrochen wurden. Er deutete die Situation für sie als das Ergebnis ihrer ungewöhnlich tiefen Beziehung um, denn nur zwei Menschen, die sich sehr lieben, könnten so heftig miteinander streiten wie sie. Die absichtliche Dummheit dieser Neudefinition ihres Problems veranlaßte die Eheleute, ihm zu beweisen, wie lächerlich seine Sichtweise sei. Dies konnten sie jedoch nur dadurch tun, daß sie weniger stritten, eben um ihm zu beweisen, daß sie sich nicht so liebten, wie er behauptete. Als sie jedoch weniger stritten, begannen sie sich sofort besser zu fühlen.

Eine Mutter, die sich selbst als überbesorgt beschreibt, übertreibt stark die Bedeutung der Probleme, die ihr einziger Sohn schon während der ersten Wochen seines Hochschulstudiums hat. Er war nie von zu Hause fort gewesen, und es fällt ihm schwer, sich an das Leben in einem Schlafsaal, an gewisse Aspekte der Disziplin, an den Lärm um ihn herum usw. zu gewöhnen, aber er ist durchaus willens, sich durchzukämpfen. Die Mutter glaubt dagegen, daß er sich nicht all diesen Unannehmlichkeiten aussetzen und nicht zögern sollte, nach Hause zurückzukommen, sobald die Situation für ihn unerträglich werde. Es ist nicht schwer zu erkennen, daß sie den Jungen tatsächlich dazu bringen wird, die Flinte ins Korn zu werfen und das Studium abzubrechen, sobald ihm ein etwas rauherer Wind um die Nase weht, und es ist ebenfalls offensichtlich, daß man sie allein dadurch, daß man sie auf ihr Verhalten aufmerksam macht, höchstwahrscheinlich nicht davon abbringen wird. Wenn man ihr jedoch in Anwesenheit des Sohnes vor Augen führt, daß das Verlassen des Elternhauses eine bedeutende Leistung im Leben eines jungen Mannes sei und daß diese Leistung um so größer sei, je schwieriger sie sei, und daß sie ihm die Rückkehr nach Hause daher so verlockend wie möglich machen sollte, dann ist die Situation für beide umgedeutet. Ihr Versuch, ihm das Leben einfach zu machen, ist nun umgedeutet als Versuch, es ihm schwerzumachen, und es ihm schwermachen ist nun definiert als wichtige Aufgabe der Mutter, die notwendig ist, damit der Sohn lebenstüchtig wird. Da sie dem mit Sicherheit nicht zustimmen wird, hat sie keine andere Alternative, als ihm weniger zu »helfen«.

FORSCHEN UND ENTDECKEN

Aus den Naturwissenschaften

John und Mary Gribbin
Feynmans Meisterstück

Die Quantenelektrodynamik ist eine Theorie, die sämtliche Wechselwirkungen von Licht (Photonen) und geladenen Teilchen, insbesondere sämtliche Wechselwirkungen von Photonen und Elektronen, beschreibt. Da die Wechselwirkungen zwischen Atomen von der Anordnung der Elektronen in den Wolken um die Atomkerne abhängig sind, bedeutet dies auch, daß die QED die grundlegende Theorie der gesamten Chemie ist. Sie erklärt, weshalb sich eine Sprungfeder ausdehnt und weshalb Dynamit explodiert, wie die visuelle Wahrnehmung funktioniert und weshalb Gras grün ist (sie erklärt auch die zwischenmolekularen Kräfte, die Feynman in seiner Abschlußarbeit am MIT beschrieb). Tatsächlich erklärt die QED sämtliche Phänomene der Alltagswelt, die nicht von der Gravitationstheorie erklärt werden. Es gibt zwei weitere Naturkräfte, die lediglich in sehr kleinen Größenordnungen wirken, hauptsächlich innerhalb des Atomkerns; sie sind für den Zusammenhalt der Atomkerne und die Radioaktivität verantwortlich. Doch außerhalb des Kerns, auf der Ebene der Atome und jenseits davon, kommen lediglich die QED und die Gravitationstheorie zum Tragen.

Sowohl die QED als auch die Gravitationstheorie (in Form der von Einstein aufgestellten Allgemeinen Relativitätstheorie) sind äußerst exakte und konsistente Theorien. Allerdings ist die QED hinsichtlich der experimentellen Überprüfung das herausragende Beispiel einer erfolgreichen Theorie – das heißt, daß sie das Ergebnis von Experimenten in ausgezeichneter Näherung vorhersagt. Die Eigenschaft, die das magnetische Moment des Elektrons genannt wird, ist neben der Lamb-Verschiebung ein klassisches Beispiel dafür, wie die neue Theorie diesen Erfolg erzielte, und obendrein eines, das sich mit Hilfe der Feynmanschen Verfahren elegant erklären läßt. Nach der Diracschen Theorie des Elektrons besitzt das Elektron ein magnetisches Moment, dessen Wert, in bestimmten Einheiten gemessen, genau 1 beträgt. Die QED dagegen sagt einen Wert von 1,0011 596 5246 voraus, während bei Experimenten ein Wert von 1,0011 596 5221 gemessen wurde. Die Ungenauigkeit bei der experimentellen Messung beträgt etwa +/−4 in der letzten Ziffer; die Ungenauigkeit der theoretischen Berechnung beträgt etwa +/−20 in den letzten beiden Ziffern. Folglich stimmen Theorie und Experiment mit einer Abweichung von zwei Teilen auf zehn Dezimalstellen bzw. 0,00 000 002 Prozent überein. In seinem Buch *QED: Die seltsame Theorie des Lichts und der Materie* weist Feynman darauf hin, dies sei ungefähr so, als könne man die Entfernung zwischen Los Angeles und New York bis auf Haaresbreite genau messen – und dies ist nur ein Beispiel für die zahlreichen ausgezeichneten Übereinstimmungen zwischen der QED und experimentellen Resultaten. Vor kurzem wurden die Vorhersagen der Allgemeinen Relativitätstheorie anhand des Verhaltens eines astronomischen Objekts, des sogenannten Doppel-Pulsars, ähnlich genau überprüft. Aber aus irgendeinem Grund sind solche Beobachtungen nicht dasselbe wie echte Experimente auf der Erde. So gesehen ist die QED die erfolgreichste und exakteste naturwissenschaftliche Theorie, auch wenn beide Arten von Beobachtungen im Grunde genommen gleichwertig sind.

Feynmans Version der QED, die sich auf Pfadintegrale stützt, läßt sich am besten verstehen, wenn man von dem berühmten Doppelspaltexperiment ausgeht. Die entscheidende Beobachtung beim Doppelspaltexperiment – wobei wir einstweilen im Wellenbild denken wollen – besteht darin, daß Wellen, welche die Versuchsanordnung auf einem Weg zum Detektorbildschirm durchlaufen, sich »versetzt« zu Wellen ausbreiten können, die den anderen Weg durch das Experiment einschlagen. Wellen, die sich »im Gleichschritt« ausbreiten, werden gleichphasig genannt, und wenn beide Wellen die gleiche Amplitude *und* gleiche Phase besitzen, addieren sie sich zu einer Welle doppelter Amplitude. Wellen dagegen, welche die gleiche Amplitude, aber eine entgegengesetzte Phase haben (also genau außer Phase sind), löschen sich gegenseitig aus. Diese Verstärkung und Auslöschung von Wellen erzeugt im Doppelspaltexperiment das Muster heller und dunkler Streifen auf dem Bildschirm, obwohl alle Wellen die gleiche Amplitude besitzen. Die Tatsache, daß sich in der Absorbertheorie der Strahlung avancierte und retardierte Wellen genau in der richtigen Weise aufaddieren und auslöschen, um die Wechselwirkung zwischen geladenen Teilchen zu erklären, ist ebenfalls auf den Phasenunterschied zurückzuführen, nicht auf einen Unterschied der Amplitude der Wellen. Natürlich gibt es neben der vollständigen Addition und Auslöschung auch Zwischenstufen, bei denen zwei Wellen zwar außer Phase, aber nicht exakt gegenphasig sind und sich teilweise auslöschen.

All dies gilt auch in der alternativen quantenmechanischen Beschreibung, bei der Licht in Form von Teilchen (Photonen, Elektronen und so weiter) beschrieben wird, die Bahnen folgen, welche von Quantenwahrscheinlichkeiten determiniert werden. Diese Quantenwahrscheinlichkeiten werden von der Schrödinger-Gleichung beschrieben und verhalten sich exakt wie Wellen; dabei ist die Phase ausschlaggebend dafür, ob sich zwei Wahrscheinlichkeiten addieren, so daß beispielsweise ein Photon mit hoher Wahrscheinlichkeit einem bestimmten Weg folgt, oder ob sie sich auslöschen, so daß das Photon niemals einen zweiten Weg nimmt. Die einzige geringfügige Erschwernis besteht darin, daß die tatsächliche Wahrscheinlichkeit durch das Quadrat jener Welleneigenschaft gegeben ist, die Amplitude genannt wird – die Wahrscheinlichkeitsamplituden müssen zunächst addiert werden (indem man die kleinen Pfeile so kombiniert, daß man jeweils Spitze an Ende setzt), anschließend multipliziert man das Ergebnis mit sich selbst und erhält auf diese Weise die Wahrscheinlichkeit, mit der ein Quantengebilde einen bestimmten Weg beschreibt.

Das Doppelspaltexperiment zeigt, daß selbst bei einem Gebilde, das wir uns für gewöhnlich als Teilchen vorstellen (wie etwa ein Elektron), ein »Etwas« (das heißt entweder das Teilchen selbst oder die Wahrscheinlichkeitswelle) beide Löcher in der Versuchsanordnung durchläuft und mit sich selbst in einer Weise interferiert, die das Muster auf dem Bildschirm erzeugt. Doch nehmen wir an, wir würden ein Experiment mit vier Löchern statt mit nur zweien durchführen. Nun muß das »Etwas« offensichtlich alle vier Löcher passieren und das geeignete Interferenzmuster erzeugen; dies läßt sich mit Hilfe der Regeln, die wir gerade umrissen haben, berechnen. Das gleiche gilt für ein Experiment mit drei Löchern oder hundert Löchern oder einer beliebigen anderen Zahl. Man kann sich sogar vorstellen, immer mehr Löcher zu machen, bis die Flugbahn der Elektronen oder Photonen durch nichts mehr blockiert wird – man hat dann, je nach Standpunkt, ein Experiment ohne Löcher, mit nur einem Loch oder mit unendlich vielen Löchern.

Eine der wichtigsten Erkenntnisse Feynmans bestand darin, daß man das Elektron oder Photon (oder ein beliebiges anderes Teilchen) auch dann so behandeln kann, als habe es jedes der unendlich vielen Löcher passiert, wobei man die Wahrscheinlichkeiten für jeden Weg in gewohnter Weise addiert. Wenn man die Wahrscheinlichkeiten für buchstäblich jeden möglichen Weg von der Licht- bzw. Elektronenquelle zum Detektorbildschirm auf der anderen Seite der Versuchsanordnung integriert (addiert), erhält man als Ergebnis, daß das Teilchen mit an Sicherheit grenzender Wahrscheinlichkeit einer Bahn folgt, die in gerader Linie von der Quelle zum Detektor verläuft. Bei längeren Wegen sind die Phasen benachbarter Bahnen einander exakt entgegengesetzt, so daß sie sich gegenseitig auslöschen und nur der Weg übrigbleibt, der nach der klassischen Physik zu erwarten ist. Die Wahrscheinlichkeiten addieren und verstärken sich nur in der Nähe des klassischen Weges (des Wegs der kleinsten Wirkung), weil sie dort in Phase sind. Daher lassen sich mit dem Feynmanschen Pfadintegralverfahren zur Beschreibung quantenmechanischer Vorgänge aus denselben Gleichungen auch die gesamte klassische Mechanik und die gesamte klassische Optik herleiten ...

Das Ereignis, das Feynman einer wirklich breiten Öffentlichkeit bekanntmachte, war die Explosion der Raumfähre Challenger im Jahr 1986. Doch obgleich seine Arbeit im Rahmen der Untersuchungskommission zur Aufklärung der Challenger-Katastrophe seine bekannteste Aktivität in seinem letzten Lebensjahrzehnt war, handelte es sich keineswegs um seine einzige wissenschaftliche Arbeit jenseits seines 60. Lebensjahres. Vielmehr befaßte er sich mit einem naturwissenschaftlichen Problem, das ihn zutiefst faszinierte – und das sich nahtlos einfügte in die Begeisterung, mit der er als Kind mathematische Probleme gelöst hatte, und in seine Arbeit in Los Alamos als Leiter der Gruppe für Theoretische Berechnungen. Mit seinem Sohn Carl (der, zu Feynmans großer Erleichterung, von der Philosophie auf die Informatik umgesattelt hatte) beteiligte er sich an der Umsetzung der nächsten »großen Idee« in der Informatik, der Parallelverarbeitung.

Carl studierte am MIT, wo sein Vater ihn mit Marvin Minsky bekannt machte, einem der Pioniere auf dem Gebiet der Künstlichen Intelligenz. Durch Minsky lernte Carl Danny Hillis kennen, einen Doktoranden, der sich den verrückten Plan in den Kopf gesetzt hatte, einen Riesencomputer zu bauen. »Was wußte ich damals schon?« sagte Carl, »ich war 17 Jahre alt, und ich glaubte, daß es funktionieren würde – ich war der einzige.« So wurde Carl einer der Studenten, die Hillis bei seinem Promotionsprojekt halfen.

Der geplante Riesencomputer sollte nicht aus einem großen Rechner (einer »Zentraleinheit«) bestehen, der eine gewaltige Aufgabe bearbeitet; vielmehr sollte das Problem in Teile zerlegt werden, die jeweils in einen kleinen Prozessor eingespeist werden sollten, wobei sämtliche Kleinrechner so miteinander vernetzt würden, daß sie bei der Durchführung der verschiedenen Berechnungen miteinander kooperierten. Dies versteht man unter Parallelverarbeitung, die in den 90er

Jahren zu praktischer Anwendungsreife gelangte. Nach dem gleichen Prinzip verfuhr Feynman schon in den 40er Jahren in Los Alamos, mit dem einzigen Unterschied, daß seine Parallelrechner Menschen waren, die Rechenmaschinen bedienten und dabei jeweils einen winzigen Teil der Probleme lösten, die bei der Herstellung der ersten Atombomben auftraten. Hillis' Wunschziel war ein Verbund von einer Million Rechnern, die auf diese Weise zusammenarbeiteten – eine Million Prozessoren im Parallelbetrieb. Als sein Traum zu Beginn der 80er Jahre in Erfüllung zu gehen schien, mußte er seine Ansprüche ein wenig zurückschrauben und sich mit 64 000 Prozessoren im Parallelbetrieb begnügen: insgesamt 4000 Rechner-Chips mit jeweils 16 Prozessoren wurden in einer Weise verschaltet und programmiert, die auf die Lösung des Problems zugeschnitten war. Jeder, der Feynman kannte, hätte geahnt, daß er ein solches Projekt unwiderstehlich finden würde.

Es ist kein Zufall, daß Feynman mit Marvin Minsky bekannt war. Fragen der computergestützten Berechnung hatten ihn seit seiner Arbeit in Los Alamos immer wieder interessiert, und Ende der 70er Jahre erstreckte sich dieses Interesse auch auf die theoretischen Leistungsgrenzen von Rechnern sowie auf die praktischen Probleme ihrer Konstruktion und Funktionstüchtigkeit. Angeregt durch eine Frage, die der Vorsitzende des Fachbereichs Informatik am Caltech aufgeworfen hatte, versuchte Feynman den Mindestenergiebetrag zu bestimmen, der theoretisch für die Ausführung einer Berechnung erforderlich ist, und er stellte mit Verblüffung fest, daß es keine Untergrenze gibt. Ein idealer Rechner könnte seine Arbeit noch mit einer beliebig kleinen Energiemenge ausführen.

Bei einer Konferenz über computergestützte Berechnung am MIT stellte er zu seiner großen Freude fest, daß ein hochkarätiger Computerexperte, Charles Bennett, zur selben Schlußfolgerung gelangt war. Dies führte zu Diskussionen über die Grenzen, die durch die Regeln der Quantenphysik gesetzt werden – ein Problem, über das sich mehrere Physiker den Kopf zerbrachen. Ein weiteres Mal gelangte man zu der erstaunlichen Schlußfolgerung, daß es keine Beschränkungen gab, außer den physikalisch vorgegebenen wie der Größe. Der kleinste und schnellste Computer, der möglich wäre, würde Zahlen auf einzelnen Atomen speichern, in Form einer Folge binärer Ziffern (Nullen und Einsen), die durch eine Eigenschaft wie etwa den Spin des Atoms (nach oben oder unten) angezeigt würden, und mit Hilfe dieser Zahlenfolgen Berechnungen durchführen.

Auch der Unterschied zwischen der Funktionsweise künstlicher Rechner und der des menschlichen Gehirns faszinierte Feynman:

»Ich fand es amüsant, daß Fähigkeiten, die ich zu meinen Stärken zählte – so war ich etwa als Schüler gut in Infinitesimalrechnung, beim Schachspiel und bei anderen logischen Aufgaben –, von Rechnern ausgeführt werden konnten … Sie können mathematische und logische Denkschritte lösen, auf die wir uns immer so viel eingebildet haben. Unlogisches Denken …, das uns so leichtfällt, etwa wenn das Auge von einem Ausschnitt einer Ansicht zum nächsten springt und das Ganze zu einem Zimmer mit Stühlen und anderen Möbeln zusammensetzt, ist (für Rechner) schwer. Es ist sehr interessant. Alles in allem sind Rechner faszinierend, und die Aufgaben, die sie ausführen können, sind ebenfalls faszinierend.«

Tatsächlich ist die Sache noch ein wenig komplizierter und faszinierender, als selbst dieses Beispiel andeutet. Denn sogar bei den Aufgaben, die Rechner gut ausführen können, wie etwa Schach spielen, gehen sie nicht unbedingt in der gleichen Weise vor wie Menschen. Ein gutes Schachprogramm erwägt eine große Zahl möglicher Züge (vielleicht jeden Zug, den es machen kann), nimmt jede mögliche Reaktion auf jeden möglichen Zug vorweg, prüft dann jeden möglichen weiteren Zug und so weiter (bis hin zu einer »Tiefe«, die durch die Leistungsfähigkeit eines Rechners und die verfügbare Speichergröße festgelegt wird), um herauszufinden, welches der beste Zug ist. Ein guter menschlicher Schachspieler betrachtet das Gesamtbild der Figuren auf dem Brett, entwickelt ein Gespür für das Gleichgewicht der Kräfte und entscheidet sich häufig für eine bestimmte Strategie (oder, was genauso wichtig ist, verwirft einen alternativen Plan), weil sie mit seinem »Gespür« für das Spiel übereinstimmt (oder nicht).

Trotz Feynmans Äußerungen über seine besonderen Stärken war es nicht seine Fähigkeit, so logisch und gründlich wie eine Maschine zu denken, die ihn zu einem bedeutenden Naturwissenschaftler machte. Seine großen Leistungen – zum Beispiel die QED – verdankten sich mindestens ebensosehr seiner Intuition, seinem »Gespür« für die Physik und dem instinktiven (also unbewußten) Wissen um die richtige Vorgehensweise. Er hat nie eine völlig logische Version des Pfadintegralverfahrens in der QED und der Feynman-Diagramme entwickelt; bis auf den heutigen Tag basieren die großen Erfolge dieses Ansatzes darauf, daß man bei der Beschreibung einer Wechselwirkung sachgerechte Vermutungen aufstellt und dann mit den resultierenden Diagrammen und Gleichungen so jongliert, daß die Vermutungen immer besser mit den Experimenten übereinstimmen. Feynman schien intuitiv zu verstehen, wie die Natur unter verschiedenen Umständen reagieren mußte, so wie die Natur selbst weiß, was sie tun muß. Ein Ball, der auf einer gekrümmten Bahn in ein Fenster fliegt, muß keine komplizierte mathematische Gleichung berechnen, um der Bahn zu folgen, die das Prinzip der kleinsten Wirkung fordert, und Feynman brauchte keinen strengen mathematischen Beweis zu erfinden, um zu wissen, daß seine Version der QED richtig war. Er war in der Tat ein Magier und kein gewöhnliches Genie.

Bob Brier
Tutanchamun und die Paläopathologie

Dr. Douglas Derry, Anatomieprofessor an der Universität in Kairo, wurde die Aufgabe übertragen, den Körper zu untersuchen. Assistiert von Dr. Saleh Bey Hamdi, dem Direktor des Gesundheitsdienstes in Alexandria, begann Derry am 11. November 1925, die Mumie auszuwickeln. Anwesend waren weiterhin Pierre Lacau, Generaldirektor der Altertümerverwaltung, Harry Burton, der Photograph vom Metropolitan Museum of Art in New York, und mehrere ägyptische Beamte. Frauen waren nicht anwesend.

Die Öle hatten eine chemische Reaktion mit den Binden ausgelöst, wodurch es zu einer Verkohlung gekommen war, die die Binden dunkel gefärbt hatte. Da die Leinenbinden in diesem Zustand nicht abgerollt werden konnten, wurden die äußeren Lagen mit erhitztem Wachs bestrichen. Nachdem das Wachs erkaltet war, machte Derry einen Längsschnitt und entfernte die oberste Lage. In den Binden kamen insgesamt 143 kostbare Amulette und Schmuckstücke zum Vorschein.

Dann wurde der Pharao enthüllt, ein junger Mann mit hübschen regelmäßigen Zügen. Beim Versuch, die Mumie aus dem Sarg zu entfernen, stellte sich heraus, daß die Salböle sie fest mit dem Sarg verklebt hatten. Zunächst versuchte Derry die Mumie freizumeißeln, dann wechselte er zu erhitzten Messern. Beide Verfahren verursachten beträchtliche Beschädigungen des Körpers. Schließlich wurde die Mumie auf der Höhe des dritten Lendenwirbels in zwei Hälften zerschnitten und in Stücken herausgenommen.

Derrys Umgang mit der Mumie zeigt exemplarisch, wie wenig man auf körperliche Hinweise geachtet hat, aus denen man auf die Todesursache hätte schließen können. Carter hatte keine Ahnung, was man alles bei einer sorgfältigen Untersuchung herausbekommen kann. Daher überließ er die Mumie der groben Behandlung Derrys. Wäre der Thronses-

sel Tutanchamuns in Salböl festgeklebt gewesen, hätte
Carter es wohl kaum zugelassen, daß er in zwei Hälften zersägt worden wäre. Dann hätte man die Salböle chemisch
analysiert und ein Lösungsmittel gefunden, mit dem der
Thron ohne Beschädigung befreit worden wäre. Nicht so
mit dem armen Tutanchamun. Als Derry mit seiner Arbeit
begann, war die Mumie bereits in einem schlechten Zustand, doch als er damit zum Ende kam, war ihr Zustand
noch weitaus schlechter ...

Moderne Untersuchungstechniken beschädigen Mumien
nicht. Wenn Tutanchamun in unseren Tagen entdeckt worden wäre, könnte seine Mumie mit mehreren High-Tech-
Methoden erforscht werden, etwa mit der Computertomo-
graphie, ohne daß sie ausgewickelt werden müßte. Derry
hatte sich ganz auf die Knochen konzentriert, und zwar unter Anwendung von Gewalt. Wenn überhaupt, hatte er den
Weichteilen nur wenig Aufmerksamkeit geschenkt. Damals
machte sich keiner, am allerwenigsten Derry, klar, welche
Informationen in Muskeln und inneren Organen liegen. Die
DNS war noch unbekannt; es gab keine Elektronenmikro-
skope und feineren chemischen Analysen. Es war in Derrys
Zeit gerade mal möglich, Gewebe von Mumien unter einem
Mikroskop zu untersuchen. Und das hat Derry offenbar
nicht interessiert.
    Heute wenden Fachmediziner mehrere Verfahren an, um
Weichteile und Knochen auf die Todesursache eines Indivi-
duums hin zu untersuchen. Zunächst wird eine Autopsie
durchgeführt, um festzustellen, ob in Organen und Gewebe
ungewöhnliche Substanzen vorhanden sind, was und wann
zuletzt gegessen wurde. Dann wird mit Röntgenstrahlen
oder mit dem Computertomographen das Skelett unter-
sucht. Knochen verraten nicht nur das Alter eines Toten,
sondern auch, an welchen Krankheiten oder Verletzungen
der Lebende gelitten hat, ob er etwa einen Schlag mit Todesfolge
erhalten hat. Jedes dieser Verfahren liefert andere aufschluß-
reiche Informationen ...

Nun war es an der Zeit, Derrys Untersuchung Tutanchamuns zu überprüfen. Als er 1925 die Autopsie durchführte, wurde nicht viel mehr als das Todesjahr des Kindkönigs bestimmt. Dies hatte die Tür für allerlei Spekulationen über die Todesursache geöffnet. Da er schmächtig gebaut und jung gestorben war, hatte man auf Tuberkulose geschlossen. Damals konnte man das jedoch nicht überprüfen. Eine weitere direkte Untersuchung war durch die Entscheidung der Altertümerverwaltung, Tutanchamun in seinem Grab zu belassen, verhindert worden. In Kairo wäre die Mumie durchleuchtet worden.

Für Derry mag es nicht von Bedeutung gewesen sein, die fast freigelegten Knochen Tutanchamuns auch noch zu durchleuchten. Aber Röntgenaufnahmen zeigen uns die Knochendichte, was uns wiederum vieles über die Ernährung und die Erkrankungen eines Menschen verrät. Wenn etwa ein Mensch vor Erreichen des Erwachsenenalters an einer ernsthaften Krankheit leidet, hören die langen Röhrenknochen zu wachsen auf; und dies zeigt eine Röntgenaufnahme als eine weiße Linie quer über dem Knochen. Eine Röntgendurchleuchtung Tutanchamuns hätte vieles ausgesagt, aber 1925 gab es in Ägypten keinen transportablen Röntgenapparat, den man ins Tal der Könige hätte bringen können. Der berühmteste König der Geschichte mußte 40 Jahre auf seine Röntgendiagnose warten.

Erst in den 60er Jahren unseres Jahrhunderts hat die Wissenschaft den Wert von Mumien erkannt. Mit neuen Techniken der Gewebeanalyse haben Ärzte und Wissenschaftler, die sich mit Gesundheitsfragen beschäftigten, begriffen, daß Mumien Informationen liefern, die sie brauchten, um moderne Krankheiten zu verstehen. Die Paläopathologie war geboren. Der Begriff wurde 1892 von R. W. Schufeldt, einem deutschen Arzt, geprägt und geht auf zwei griechische Wörter zurück: palaios = alt und pathos = Schmerz, Leiden. Er bezeichnet das Studium von Krankheiten oder pathologischen Zuständen im Altertum oder in vorgeschichtlicher Zeit.

Um eine heutige Infektionskrankheit zu verstehen und ihren Verlauf vorherzusagen, muß man ihre Entwicklung durch die Geschichte studieren. Indem wir ägyptische Mumien untersuchen und die Erkrankungen der Menschen des Altertums mit denen unserer Zeitgenossen vergleichen, stellen wir fest, ob bestimmte Lebensweisen von heute zu bestimmten Erkrankungen führen oder ob bestimmte Krankheiten schon seit Jahrhunderten zu beobachten sind. Ein Beispiel: Als häufige Ursachen von Gefäßkrankheiten gelten neben fettreicher Ernährung der Streß und die Anspannungen des modernen Lebens. Wenn die alten Ägypter ebenfalls unter Gefäßkrankheiten gelitten haben, würden derartige Theorien in Zweifel gezogen.

Bis in die 60er Jahre war das medizinische Wissen ungeheuer angewachsen. Spezialisierung wurde notwendig. Kein Arzt konnte die Fachliteratur zu jedem Bereich lesen. Der Allgemeinmediziner wurde vom Spezialisten abgelöst. Eine ähnliche Entwicklung ist beim Studium der Mumien zu beobachten. Kein einzelner Arzt verfügt über alle Kenntnisse, um bei einer Mumie eine Autopsie durchzuführen und die verschiedenen Gewebeproben zu untersuchen. Er besitzt auch nicht das Spezialwissen der Botaniker, der Chemiker und der Biologen, das notwendig ist, um alle Informationen zu erhalten, die ein Körper anbietet. Heutzutage behandeln Paläopathologen Mumien wie Patienten. Sie fügen ihnen möglichst wenig Verletzungen zu und ziehen Spezialisten heran, wenn besondere Probleme auftauchen – Hämatologen, wenn es ums Blut geht, Zahnärzte und so weiter. Da Derry im Grunde allein gearbeitet hat, konnte er gar nicht alle Informationen gewinnen, die Tutanchamuns Mumie bot.

In den 60er Jahren war die Paläopathologie aufgeblüht. Der Anatom R. G. Harrison von der Universität in Liverpool vertrat die Auffassung, daß die Untersuchung ägyptischer Mumien neues Licht auf alte Fragen werfe. Als erstes beschäftigte er sich mit der geheimnisvollen Mumie aus Grab Nr. 55, von der wir heute wissen, daß es die Semenchkares ist, des Bruders Tutanchamuns. Er untersuchte, vermaß und durchleuchtete sie, um das Alter zur Zeit des Todes festzustellen. Das Brustbein kann in dem Zusammenhang sehr hilfreich sein. Wenn wir heranwachsen, verknöchern die Rippenverbindungen, worunter ihre Beweglichkeit leidet. Röntgenaufnahmen zeigen, daß die vierte und die fünfte Rippe der Mumie aus Grab Nr. 55 erst seit kurzem mit dem Brustbein zusammengewachsen waren; an der vierten war sogar noch eine Fuge zu sehen. Dies sprach für ein Sterbealter von 19 oder 20, ähnlich wie bei Tutanchamun. Ein ähnlicher Knochenbildungsprozeß war bei den Rückenwirbeln zu beobachten, der aber erst mit etwa 24 Jahren abgeschlossen ist. Die Knochenbildung von Thorax und Rückenwirbeln war bei der Mumie aus Grab Nr. 55 noch nicht völlig abgeschlossen, was besagt, daß Semenchkare mit Sicherheit jünger als 24 Jahre alt war, als er starb.

R. G. Harrisons Röntgenuntersuchungen der Mumie haben wertvolle Informationen ergeben. Seinen Bericht beendete er mit dem Plädoyer: »Eine Neubewertung der anatomischen Besonderheiten Tutanchamuns mit radiologischen Methoden ist unbedingt erforderlich, und es ist zu hoffen, daß eine solche Untersuchung in nicht allzu ferner Zukunft stattfindet.« 1969 bekam Harrison seine Chance.

Von der Ägyptischen Altertümerverwaltung erhielt er die Erlaubnis, ein tragbares Röntgengerät in das Grab Tutanchamuns zu bringen. Zum ersten Mal, seit Carter und Derry den jugendlichen König Tutanchamun in seinen Sarg zurückgelegt hatten, durfte ihn wieder ein Mensch betrachten. Harrison wußte, daß er ein ganzes Team brauchte, also waren Radiologen, Zahnärzte, Ärzte und Ägyptologen dabei. Sie durften nur tagsüber arbeiten; und da das Grab in dieser Zeit nicht für Touristen geschlossen wurde, sahen diese überrascht zu, wie die Experten ans Werk gingen. Harrison aber sollte gleich mehrfach überrascht werden.

Die Mumie war in einem weitaus schlechteren Zustand, als man erwartet hatte. Weder Carter noch Derry hatten den Umstand veröffentlicht, daß Tutanchamun in zwei Stücke zersägt worden war, um ihn aus dem inneren Sarg zu befreien. Also mußte Tutanchamun stückweise durchleuchtet werden. Kopf, Glieder usw. mußten nacheinander zum Röntgengerät getragen und durchleuchtet werden, bis ein vollständiger Satz Aufnahmen vorlag. Am ersten Tag machten sie Probeaufnahmen, die sie am selben Abend im Badezimmer ihres Hotels entwickelten. Glücklicherweise waren sie im Winter Palace abgestiegen, einem alten Grandhotel in Luxor mit geräumigen Badezimmern. Für die Entwicklung benutzten sie ein Waschbecken, ein anderes zum Fixieren; gewässert wurde in der Badewanne. Das Ergebnis war ausgezeichnet.

Die Röntgenaufnahme des Rumpfes sorgte für die erste Überraschung. Tutanchamun fehlten das Brustbein und einige Rippen! Derry hatte das nicht bemerkt, weil die Brust mit schwarzem Harz bedeckt war. Vielleicht war man mit Tutanchamun in der Werkstatt der Einbalsamierer etwas unsanft umgegangen und hatte die Beschädigung unter einem Überzug aus Harz verborgen. Andere sprachen die Vermutung aus, daß die Teile fehlten, sei auf einen Unfall oder gezielte Gewaltanwendung zurückzuführen, die zum Tod des Pharaos geführt hätten. Auch bei Semenchkare fehlte ein Teil des Brustbeins. Für diese sonderbare Koinzidenz habe ich keine andere Erklärung, als daß vielleicht die Einbalsamierer bei beiden Mumien eine besondere Technik angewendet haben. Was meiner Sicht widerspricht, ist, daß Semenchkare in Amarna gestorben ist und wahrscheinlich dort einbalsamiert wurde. Tutanchamun wurde mit Sicherheit in einer anderen Werkstatt in Theben oder Memphis mumifiziert. Harrison hat dazu keine Meinung geäußert und sich anderen Problemen zugewandt, etwa der Bestimmung des Alters, in dem Tutanchamun gestorben war.

Er wandte bei Tutanchamun dieselbe Untersuchungsmethode wie bei Semenchkare an und kam zu dem Ergebnis, daß Tutanchamun um die 19 Jahre alt war, als er starb. Das hatte ein halbes Jahrhundert zuvor Derry bereits vermutet. Röntgenaufnahmen der Wirbelsäule schlossen es völlig aus, daß der jugendliche Pharao an Tuberkulose gestorben war.

Die Auswirkungen der Tuberkulose auf die Wirbel des Rückgrats sind unübersehbar; bei Tutanchamun waren keinerlei Schäden zu erkennen.

Dann wurde der Schädel geröntgt. Es entstand jene Aufnahme, die in mir erstmals den Verdacht aufkommen ließ, Tutanchamun sei ermordet worden.

Ernst Peter Fischer
Die Nobelpreisträgerin Dorothy Hodgkin

Dorothy Hodgkin ist die einzige Engländerin, die bisher mit einem Nobelpreis ausgezeichnet worden ist, aber die britischen Zeitungen haben eher hilflos auf diese Ehrung reagiert. Am 29. Oktober 1964 gab die Königliche Akademie in Stockholm bekannt, daß Dorothy Hodgkin – und nur sie allein – im Dezember mit dem Nobelpreis für Chemie ausgezeichnet werden würde. Dem sonst so formulierungsgewandten *Daily Telegraph* fiel als einzige Mitteilung für seine Leser ein, daß eine »Mutter von drei Kindern« den begehrten Preis bekommen hätte, und zwar »for a thoroughly unhousewifely skill«, also für Qualitäten, die man beziehungsweise frau wohl kaum für die Aufzucht von Kindern und für Arbeiten in der Küche oder im Garten braucht. Dabei war und ist es überhaupt nicht schwer, die wissenschaftlichen Leistungen von Dorothy Hodgkin zu erklären. Sie hat zum einen etwas sehr Einsichtiges getan – nämlich die genaue Struktur von Molekülen bestimmt, die als Hormone, Antibiotika oder Vitamine für das menschliche Leben wichtig sind –, und sie hat zum zweiten Ergebnisse erzielt, die nicht nur nützlich in medizinischer Hinsicht, sondern darüber hinaus schön unter einem ästhetischen Gesichtspunkt sind. Es geht im einzelnen um die Stoffe, die Insulin, Penicillin und Vitamin B_{12} heißen, und alle drei spielen für unseren Körper eine große Rolle, wenn es um die Gesundheit geht. Es gibt darüber hinaus aber noch einen weiteren Aspekt, der das von Dorothy Hodgkin Geleistete so interessant und einprägsam macht: Aus ihrem Leben läßt sich lernen, daß es in der Wissenschaft keineswegs (nur) von Personen wimmelt, die voller Ehrgeiz und Durchsetzungskraft um Anerkennung oder Ruhm kämpfen. In der Wissenschaft bieten sich auch Alternativen voller Sachlichkeit und Freundschaft, und Dorothy Hodgkin zeigt, wie dies aussehen kann.

Geboren wurde Dorothy Hodgkin als Dorothy Mary Crowfoot am 12. Mai 1910 in Kairo, und aufgewachsen ist sie im Sudan. Ihr Vater arbeitete dort im Auftrag der britischen Regierung. Er hatte nach einer humanistischen Ausbildung in Oxford eine Anstellung im britischen Erziehungsministerium bekommen. Seine Aufgabe bestand unter anderem darin, die von seinem Land unterhaltenen Schulen im arabisch-islamischen Raum zu inspizieren. Als er 36 Jahre alt wurde, holte er seine Jugendliebe nach Kairo, um sie hier zu heiraten. Dorothy wurde in Sichtweite der Pyramiden geboren, und zwar als erste von drei Schwestern. Als sie ihren zehnten Geburtstag feierte, quittierte der Vater seinen Dienst und kehrte nach England zurück. Die Familie zog nach Beccles (Suffolk), wo die Töchter von nun an zur Schule gingen – ohne allerdings aufzuhören, von den paradiesischen Zuständen im Orient zu träumen.

Bereits im Sudan – der Lebensstation zwischen Ägypten und Großbritannien – hatte sich Dorothys Lust am Experiment offenbart, wie von Freunden berichtet wird. Nachdem man ihr gezeigt hatte, mit welchen Gerätschaften Goldsucher nach dem Objekt ihrer Begierde schürften, machte sie es ihnen nach. Dabei stieß sie auf leuchtend schwarzes Gestein, um dessen Identifizierung sie sich mit Hilfe von Nachschlagewerken und Bekannten so lange bemühte, bis sie wußte, daß es unter anderem aus Titan bestand – ohne allerdings zu wissen, was damit gemeint war beziehungsweise was dieses Element darstellen und bedeuten konnte.

Es ist nicht berichtet worden, ob und wie Dorothy ihre Neugier in diesem speziellen Fall befriedigen konnte. Die Leidenschaft für Chemie war jetzt aber geweckt, und sie hielt auch in England an – trotz unzureichenden Unterrichts. Dorothys Mutter förderte das neugierige Treiben ihrer Tochter, indem sie ausreichend Lesestoff besorgte, unter anderem eine Vorlesung *Über die Natur der Dinge*, die der berühmte

William Bragg um 1924 gehalten hatte. Bragg hatte maßgeblich die Methode entwickelt, mit der Dorothy später ihre großen Erfolge feiern sollte, nämlich die Methode der Röntgenbeugung an Kristallen. Es geht dabei um die Streuung, die Röntgenstrahlen an einer regelmäßigen Kristallstruktur – einem Kristallgitter – erfahren, und Bragg war es gelungen, ein Gesetz zu formulieren, mit dessen Hilfe es möglich wurde, aus dem für Meßinstrumente zugänglichen Streulicht den inneren Aufbau eines Kristalls zu bestimmen, der einer direkten Wahrnehmung verborgen blieb. In der Vorlesung sprach Bragg von »neuen Augen«, die der Wissenschaft zur Verfügung standen, um »die Natur der Dinge« zu erkunden, und er schwärmte von der bislang verborgenen Welt der Moleküle, die nun direkt sichtbar gemacht werden könnte.

Dorothy war fasziniert. Sie fragte begierig, wo sie mehr über diese Moleküle erfahren könnte, erfuhr von einem Buch über die *Grundlagen der Biochemie,* das ein gewisser T. R. Parson verfaßt hatte, und las auf den ersten Seiten die folgenden Worte:

»Wir können das Studium der chemischen Veränderungen, die in lebenden Organismen vor sich gehen, nicht besser beginnen als mit der Betrachtung der wichtigsten Substanzen, die in allen Zellen und Geweben vorhanden sind – den Proteinen.«

Dorothy wollte mehr von diesen Proteinen wissen, die als die entscheidenden Bausteine der Zelle galten. Sie war fest entschlossen, Biochemie zu studieren, und 1928 fing sie in Oxford damit an. Dabei stieß sie – zu ihrer milden Enttäuschung – auf eine nahezu ausschließlich experimentell orientierte Disziplin der Wissenschaft, was heißt, daß die praktizierenden Chemiker, die sie kennenlernte und die ihr Unterricht gaben, vor allem mit »Kochrezepten« beschäftigt waren und sich über die Resultate freuten – leider ohne sich jemals zu fragen, warum die Stoffe bzw. Moleküle, die sie da in einem Reagenzglas zusammenkochten, so und nicht anders reagierten. Leicht frustriert suchte sie in der Bibliothek nach systematischen Wegen, um Moleküle und ihre Reaktionsmöglichkeiten zu verstehen, und traf erneut auf die Röntgenstrukturanalyse, von der schon Bragg berichtet hatte.

Ausgangspunkt dieses Verfahrens war die 1895 erfolgte Entdeckung einer neuen Art von Strahlen durch Wilhelm Conrad Röntgen, die auf deutsch nach ihm benannt sind und auf englisch »X-rays« heißen. Etwa seit der Zeit, die Dorothy auf der Welt war, wußten die Wissenschaftler, daß die Röntgenstrahlen von Kristallgittern abgelenkt beziehungsweise gebeugt werden und die sich ergebenden Muster Informationen über die Anordnung der Atome in dem untersuchten Kristall enthalten. William Bragg und sein Sohn hatten dieses Verfahren so weit perfektioniert, daß die Kristallographie als Königin der Wissenschaft bezeichnet wurde. Im September 1931 fing Dorothy mit ersten kleinen und aus heutiger Sicht eher schlichten eigenen Versuchen in diese Richtung an, um eine Abschlußarbeit für ihr Chemiestudium anzufertigen. Sie arbeitete hart, ignorierte alle Rückenschmerzen und hatte bald genug Daten, um sie ein Jahr später in dem angesehenen Fachblatt *Nature* zu veröffentlichen. Dorothy Crowfoot hatte damit auf sich aufmerksam gemacht, und sie erhielt die Chance, nach Cambridge zu gehen, wo ein völlig neues Gebäude für die Röntgenstrukturanalyse eingerichtet worden war.

Zwei Männer und ein Molekül

Die treibende Kraft hinter den Anstrengungen in Cambridge hieß John Desmond Bernal (1901–1971). Er war nicht nur ein brillanter Wissenschaftler, der viel zur Verbesserung der Röntgenbeugung beigetragen hatte. Bernal glaubte auch voller Leidenschaft an die große Möglichkeit, das Leben der

Menschen mit wissenschaftlicher Hilfe zu verbessern, und er hoffte, diese Chance mit Hilfe der kommunistischen Parteien zu verwirklichen ..., wobei allerdings nicht klar auszumachen ist, welche seiner Überzeugungen von Dorothy geteilt wurden.

Wissenschaftlich waren die beiden Kristallographen sicher auf einer Linie. Auf diesem Gebiet hatte Bernal große Pläne. Er wollte die Röntgenstrukturanalyse so verfeinern, daß sie über die bisher erfaßten kleinen Einheiten der anorganischen Kristalle auch die viel größeren biologischen Moleküle – die Proteine – erfassen konnte. Dorothy war mehr als begeistert von diesem Vorhaben, konnte sie doch hier versuchen, ihren Jugendtraum zu verwirklichen. Sie ging dabei behutsam vor, das heißt, sie blieb mit beiden Beinen auf festem wissenschaftlichem Boden und begann mit einer Doktorarbeit über eine traditionelle Stoffklasse namens Sterole. Daneben bemühte sie sich darum, die Voraussetzungen zu schaffen, mit denen sich Bernals (und ihre) Vorstellungen beziehungsweise Träume erfüllen ließen.

Was man dazu brauchte, waren geeignete Kristalle von interessanten biologischen Molekülen, die als Proteine gebaut waren. Der Stoff, der sie faszinierte, war das Insulin. Dieses Hormon, das eine entscheidende Rolle bei der Regulierung des Zuckers im menschlichen Blut – und damit bei der Zuckerkrankheit (Diabetes mellitus) – spielt und also ein viel untersuchtes Molekül war, konnte zwar bereits 1926 kristallisiert werden, aber noch war es niemandem gelungen, eine Röntgenstrukturaufnahme davon herzustellen. Die Schwierigkeiten hingen zum einen damit zusammen, daß die verfügbaren Kristalle nur winzige Ausmaße hatten und weniger als ein Viertelmillimeter dick waren, und sie hatten zum zweiten damit zu tun, daß die Aufnahme fast einen Tag in Anspruch nahm und jede kleinste Unruhe und Ungeduld das Experiment ruinierte. Doch wo Dorothys Wille ist, findet sie einen Weg, und nach vielen Versuchen konnte sie am 25. Oktober 1934 endlich Erfolg melden, und zwar an ihrer alten Wirkungsstätte in Oxford, an die sie im Verlauf dieses Jahres zurückgekehrt war. Als sie an dem genannten Tag um zehn Uhr abends ein Muster von reflektierten Röntgenstrahlen auf dem belichteten Film erkannte, erlebte Dorothy »den aufregendsten Augenblick meines Lebens«, wie sie im Rückblick schreibt, »the most exciting moment in my life«.

Sie weiß nun, daß sich auf diesem Weg die genaue Struktur des Hormons ermitteln läßt, und sie ist fest entschlossen, ihn zu Ende zu gehen. Zum Glück ahnt sie in diesem Moment der Freude nicht, daß ihre Eingebung zwar stimmt, daß es aber noch bis zum Juni 1969 dauern, also noch 35 Jahre voller Arbeit kosten wird, bevor sie endlich am Ziel ankommen wird und die gesuchte Struktur angeben kann.

Der Hauptgrund für die Schwierigkeiten, die zu der tatsächlich sehr langen Dauer der Insulin-Arbeiten führen, liegt in einem technischen Problem. Es hängt mit der Eigenschaft von Wellen zusammen, die als Phase bekannt ist und den Abstand zwischen Wellentälern und -bergen angibt. Es genügt nicht, die Intensität einer Welle zu kennen, man benötigt auch Informationen über die Phase. Dorothy Hodgkin entdeckt zwar einen ersten Weg zu ihrer Bestimmung noch vor ihrem 25. Geburtstag, aber er ist nicht leicht zu gehen, weil er voller langwieriger Rechnungen steckt, und noch gibt es die Computer nicht, die uns heute so sehr vertraut sind. In der Mitte der 30er Jahre geben nur kleine Moleküle ihre strukturellen Geheimnisse preis, und sie liefern auch den Stoff für Dorothys Doktorarbeit, die ein Jahr später fertig ist.

Noch heißt sie allerdings Dr. Crowfoot. Den Namen Hodgkin trägt sie erst von 1937 an, nachdem sie den aus reichem Hause stammenden Thomas Hodgkin geheiratet hat, der als Afrika-Experte später Direktor des Instituts für Afrikanische Studien an der Universität von Ghana wird. Als Dorothy ihren Mann kennenlernt – dessen Name übrigens in der Medizin sehr berühmt ist, weil ein Vorfahre im 19. Jahrhundert als erster die Krebsart beschrieben hat, die man im englischsprachigen Raum »Hodgkin's disease« nennt –, ist Thomas eher ziellos und unentschieden, wie er sein Leben verbringen soll. Er hat sich allerdings der Kommunistischen Partei Englands angeschlossen, und er hilft, deren Blatt – den *Daily Worker* – in den Straßen zu verteilen. So ist man zwar sehr verliebt, aber jeder Partner behält seine besonderen Eigeninteressen. Dorothy jedenfalls sorgt dafür, daß die Hochzeit nicht zu sehr ihre Forschungsvorhaben beeinträchtigt, die gerade jetzt ihre erhöhte Aufmerksamkeit benötigen, da ein erster Doktorand sich im Laboratorium der 26jährigen Chefin gemeldet hat. Außerdem hatte sie nicht vor, bei wissenschaftlichen Publikationen einen anderen als ihren Mädchennamen zu benutzen. »Jeder, der von Röntgenstrahlen etwas versteht, kennt Crowfoot, und niemand kennt Hodgkin«, hat Dorothy einmal gesagt und sich daran bis zum Ende der 40er Jahre gehalten.

Zwischen Proteinen und Penicillin

Trotz dieser Eigenwilligkeiten wird geheiratet, und bald ist Dorothy Hodgkin schwanger, was vor allem deshalb erwähnt wird, weil sie die erste Frau war, der man in Oxford Mutterschaftsurlaub gewährte. Als sie 1944 zum zweiten Mal Nachwuchs erwartet, beschließt die Universitätsleitung im übrigen, von nun an allen Müttern drei Monate bezahlten Urlaub zu gewähren, damit sie ihr Kind zur Welt bringen können.

Mit der ersten Geburt bekommt Dorothy Hodgkin leider auch die Krankheit zu spüren, die sie für den Rest ihres Lebens plagen wird. Es handelt sich um Rheumatismus beziehungsweise um rheumatoide Arthritis. Bald sind ihre Hände so beeinträchtigt, daß sie nicht mehr in der Lage sind, die Schalter der Röntgengeräte zu bedienen, mit denen ihre Forschungen langsam, aber sicher vorangehen. Das große Thema, die Struktur von Proteinen, fesselt inzwischen – also noch vor dem Zweiten Weltkrieg – viele Forscher, und alle arbeiten mit außergewöhnlicher Intensität und Spannung, denn noch stehen die überragenden Ergebnisse aus, die den Wissenschaftlern auch den letzten Zweifel nehmen könnten, daß sie auf dem Weg zu einer neuen Biologie sind, der Molekularbiologie, wie sie heute heißt.

Während des Krieges rückt eine Substanz in das Zentrum des Interesses, die heute zu den berühmtesten Molekülen überhaupt gehört, das Antibiotikum Penicillin. Chemikern des US-amerikanischen Pharmaunternehmens E. R. Squibb war es gelungen, Kristalle aus Penicillin herzustellen, und als Dorothy Hodgkin davon hörte, bat sie darum, die begehrte Form in Oxford nach derselben Methode anfertigen zu dürfen, um sie mit Röntgenstrahlen zu analysieren ...

Mit der kontinuierlichen Arbeit am Insulin im Hintergrund und dem Penicillin vor Augen suchte Dorothy Hodgkin nach einem interessanten Molekül, dessen Größe zwischen der des Antibiotikums und der eines Proteins lag. Ihre Wahl fiel auf das Vitamin B_{12}, von dem viele wichtige physiologische Funktionen bekannt waren und dessen Fehlen zu Blutkrankheiten (Anämien) führt. Vitamin B_{12} besteht aus rund 100 Atomen – wenn man die Wasserstoffe nicht mitzählt – und stellt insofern eine große Herausforderung dar. Sie war im Jahre 1955 bewältigt, wobei viele technische und kalkulatorische Fortschritte auf dem Weg zum Ziel nötig waren und immer mehr Menschen in immer größeren Gruppen um die Ehre stritten, das Rätsel gelöst zu haben. Im Fall des Vitamins kam es sogar zu einem echten Wettrennen zwischen Dorothy Hodgkin und ihrem Team in Oxford und Alexander Todd und seinem Team in Cambridge. Zwar verkündeten die Zeitungen im Juli 1955, daß es einen Sieger bei dem Versuch gegeben hätte, »das schwierigste Rätsel der Natur zu lösen«, doch die Wissenschaftler selbst empfanden dies nicht so. Sie feierten allein die Tatsache, daß man die Struktur nun endlich kannte.

Die Kristallographie sorgte in den frühen 50er Jahren für entscheidende Fortschritte in der Biologie. Das oben angesprochene Phasenproblem konnte zur allgemeinen Zufriedenheit gelöst werden, was den Zugang zu den Proteinen erleichterte. In Cambridge konnten Francis Crick und James Watson die Röntgenaufnahmen der Erbsubstanz nutzen, um die Struktur der Doppelhelix vorzuschlagen, und in derselben Stadt teilte Fred Sanger im gleichen Jahr 1953 mit, daß er nicht nur angeben konnte, aus welchen Bausteinen das Insulin bestehe, sondern auch, daß sie in zwei Ketten angeordnet seien, die er A und B nannte.

Was die Struktur der Erbsubstanz und ihre Entdeckung angeht, so wird gerne auf die Tatsache hingewiesen, daß die entscheidenden Röntgenaufnahmen von einer Frau gemacht worden sind, nämlich von Rosalind Franklin. Die vieldiskutierte Frage lautet, warum sie nicht die Form erkennen konnte, die zwei Männer – Watson und Crick – berühmt gemacht hat. Was hatte Dorothy Hodgkin ihr voraus?

Ein Zusammentreffen der beiden Forscherinnen ist bekannt, bei dem beide eine Röntgenaufnahme betrachtet haben, die Rosalind Franklin von DNA-Kristallen gemacht hatte. Während Dorothy Hodgkin sofort sah, daß es sich bei dem Molekül um ein wiederholtes Muster handeln müsse, und meinte, die Aufnahmen seien so gut, daß man in der Lage sein sollte, die entsprechenden Symmetrien abzuleiten und die Struktur zu finden, blieb Rosalind Franklin skeptisch. Es gäbe zu viele Möglichkeiten, erwiderte sie, die nach und nach abgearbeitet werden müßten. Zwar wies Dorothy sofort auf die chemischen Besonderheiten der Bausteine hin, die helfen konnten, die Zahl zu verringern, doch Rosalind wollte davon nichts wissen. Sie schien das Modellieren und Imaginieren von Strukturen auch dann abzulehnen, wenn die experimentelle Evidenz längst ausreichend war.

Dorothy Hodgkin war mutiger und wurde dafür mit Erfolgen belohnt, die ihr Ruhm und Anerkennung einbrachten. Im Jahr 1956 bekam sie als erste Frau die Royal Medal der Royal Society, und zwar als Anerkennung für ihre Arbeit mit dem Vitamin B_{12}, die als »most beautiful and complex analysis« beschrieben wurde, die jemals auf dem Gebiet der Röntgenstrukturanalyse geleistet worden sei. Zwar arbeitet Dorothy immer noch an der Struktur des Insulins, aber sie ahnt längst, daß sie genug geleistet hat, um den Nobelpreis zu verdienen. In einem Brief an ihren Mann Thomas, der damals für drei Monate in Montreal war, schrieb Dorothy, nachdem sie auf Heiratspläne ihrer Tochter hingewiesen hatte, daß ihr mitten in der Nacht eine seltsame Vorstellung gekommen sei:

»Ich dachte plötzlich – wenn ich im nächsten Jahr den Nobelpreis bekomme, werden die Zeitschriften auf der Titelseite melden, ›Großmutter bekommt Nobelpreis‹. Da mußte ich losplatzen vor Lachen.«

Der Preis kam dann 1964, wobei Dorothy mit ihrem Mann in Ghana war, als die Nachricht aus Stockholm eintraf. Sie war die fünfte Frau, die mit dieser höchsten Ehrung für Wissenschaftler ausgezeichnet wurde, und ein Jahr später nahm Königin Elisabeth II. sie sogar in den *Order of Merit* auf – als erste Frau nach Florence Nightingale. Das heißt, erneut erweist man ihr die höchste Ehre, und diesmal die, die einem britischen Staatsbürger zuteil werden kann. Zwar blieb Dorothy Hodgkin ihrer wissenschaftlichen Arbeit im Laboratorium im wesentlichen treu – es dauerte ja noch bis 1969, bis endlich die Insulin-Struktur verkündet werden konnte –, doch die hohen Auszeichnungen hatten sie zu einer öffentlichen Figur gemacht. Sie akzeptiert diese Herausforderung und versucht, sich weltweit für die Erziehung zum wissenschaftlichen Denken einzusetzen, denn hierin sieht sie die beste Garantie für den Erhalt des Friedens.

Doch bei allem Engagement für Frieden und Verantwortung – in ihrem Herzen ist Dorothy Hodgkin immer eine Forscherin geblieben. Das heißt, ihr war ständig klar, wie wenig man trotz aller Detailkenntnisse von den großen Zusammenhängen des Organischen versteht. Da hatte sie viele Jahrzehnte am Insulin gearbeitet, aber nur, um zuletzt einsehen zu müssen, »that we still do not know how insulin really works, or how patients dying from diabetes can be restored to life«. So heißt es in ihrer letzten Arbeit zu diesem Thema, die sie 1988 publiziert hat, als sie fast 80 Jahre alt war. Immerhin hatten ihre Entdeckungen der Wissenschaft ein sinnvolles Weiterfragen ermöglicht. Ihre persönlichen Erfolge hat Dorothy Hodgkin, die am 29. Juli 1994 gestorben ist, mit dem Hinweis erklärt, daß sie bei ihrem Forschen stets nach dem Sektor gesucht habe, auf dem sie glaubte, perfekt sein zu können – und zwar immer und immer wieder.

John Gribbin
Wissenschaft in Stichwörtern

Theorie

Der wissenschaftliche Begriff, der am häufigsten mißver-
standen wird, ist »Theorie«. Menschen, die Ideen wie die
Spezielle Relativitätstheorie oder die Evolution durch natürliche Selektion ablehnen, berufen sich manchmal darauf,
daß »selbst die Wissenschaftler sagen, es sei ›bloß eine Theorie‹«. Sie verweisen auf den Gebrauch des Wortes in der
Alltagssprache, wo es eine (möglicherweise abstruse) Speku-
lation bezeichnet – mein Bruder vertritt die Theorie, daß die
englische Fußballnationalmannschaft mehr Tore schießen
würde, wenn sie längere Shorts tragen würde. Doch in der
Wissenschaft nennt man eine solche unbewiesene – möglicherweise abstruse – Idee eine Hypothese. Eine Theorie ist
eine Idee, die früher einmal eine Hypothese war, aber durch
Experimente und Beobachtungen in der Wirklichkeit überprüft wurde und sämtliche Tests bestanden hat, denen sie jemals unterzogen wurde.

Sobald das Ergebnis eines Experiments oder eine Beobachtung der Theorie widerspricht, müßte sie, strenggenommen, durch eine bessere, vollständigere Theorie ersetzt werden. Allerdings ist es möglich, daß die alte Theorie in einem
begrenzten Bereich nach wie vor gültig ist, sofern man sich
ihrer Grenzen bewußt ist. Das beste Beispiel ist die Gravitation. Mit Isaac Newtons Gravitationstheorie läßt sich etwa
die Umlaufbahn des Mondes um die Erde erklären oder die
Flugbahn eines Baseballs vorhersagen. Sie kann jedoch nicht
genau erklären, was in sehr starken Gravitationsfeldern geschieht oder warum Lichtstrahlen in Sonnennähe gekrümmt
werden. Albert Einsteins Allgemeine Relativitätstheorie erklärt all das, was Newtons Theorie erklärt, und darüber hin-

111

aus die Vorgänge in starken Gravitationsfeldern und die Krümmung von Lichtstrahlen durch die Gravitation. Daher ist sie eine bessere Theorie. Dennoch ist es einfacher, die Newtonsche Theorie zu verwenden, wenn man nur die Flugbahn eines Baseballs berechnen will.

Chaos

Im Alltagsleben ist Chaos ein Zustand völliger Unordnung, in dem die normalen Gesetze von Ursache und Wirkung außer Kraft gesetzt zu sein scheinen. Das Faszinierende an dem Phänomen, das die Naturwissenschaftler Chaos nennen, besteht darin, daß dabei aus vollkommen vorhersagbaren (deterministischen) Gesetzen völlig unvorhersagbares Verhalten folgt. Wenn wir die Position und die Bewegung aller Teilchen im Weltall zu jedem beliebigen Zeitpunkt kennen würden, dann könnten wir gemäß den Newtonschen Axiomen die Vergangenheit des gesamten Weltalls rekonstruieren und seine Zukunft vorhersagen. Doch das ist leichter gesagt als getan. Um die Position auch nur eines Teilchens exakt anzugeben, sind Zahlen erforderlich, die – wie etwa Pi (π), das sich auf Kreise bezieht – unter Umständen nach dem Dezimalkomma eine unendliche Zahl sich nicht regelmäßig wiederholender Ziffern aufweisen (irrationale Zahlen). Um nur den Zustand eines Teilchens exakt anzugeben, bedarf es daher womöglich unendlich großer Computer.

Dies würde keine Rolle spielen, wenn kleine Fehler in den Berechnungen klein blieben. Doch Chaos entsteht, wenn ein geringfügiger Unterschied in den Anfangsbedingungen bei der Berechnung zukünftiger Zustände enorm anwächst. Ein einfaches Beispiel ist ein Regentropfen, der auf einen hohen, scharfkantigen Berggrat irgendwo in den Rocky Mountains fällt. Fällt der Tropfen auf die eine Seite des Grats, gelangt er schließlich in einen Fluß, der in den Pazifik mündet. Trifft er ein klein wenig weiter östlich auf, gelangt er in einen Fluß, der in den Atlantik mündet.

Das klassische Beispiel für ein chaotisches Phänomen ist das Wetter. Wenn man die Positionen und Bewegungen sämtlicher Atome in der Luft gleichzeitig messen könnte, ließe sich das Wetter zuverlässig vorhersagen. Computersimulationen zeigen jedoch, daß geringfügigste Unterschiede in den Ausgangsbedingungen sich im Verlauf von etwa einer Woche derart verstärken, daß man völlig unterschiedliche Vorhersagen erhält. Die Wettervorhersage kann also immer nur für einige Tage zuverlässige Prognosen liefern, ganz gleich, wie groß (hinsichtlich der Speicherkapazität) und schnell Computer in der Zukunft werden. Der einzige Computer, der das Wetter simulieren kann, ist das Wetter, und der einzige Computer, der das Weltall simulieren kann, ist das Weltall.

Entstehung des Weltalls

Wie entstand das Weltall? Wenn die Astronomen ins Universum spähen, sehen sie, daß es sich aus Galaxien wie unserer Milchstraße zusammensetzt, die ihrerseits aus Hunderten von Milliarden von Sternen bestehen. Sie sehen, daß sich diese Galaxien voneinander entfernen, also muß das Universum expandieren. Dieses Verhalten wird übrigens von Albert Einsteins Allgemeiner Relativitätstheorie exakt vorhergesagt, wonach sich der leere Raum selbst ausdehnt und dabei die Galaxien mitnimmt.

Aus theoretischen Überlegungen und Beobachtungen folgt, daß das Weltall vor langer Zeit sehr viel kleiner gewesen sein muß und daß alles, was wir heute im Weltall sehen, aus einem heißen, dichten Feuerball hervorging – dem Urknall. Eine weiterentwickelte Version dieses Modells, das sogenannte »Inflationsmodell«, erklärt, auf welche Weise dieser Feuerball durch quantenphysikalische Prozesse aus dem Nichts entstanden ist. Die beim Urknall freigesetzte Wärmeenergie läßt sich noch heute nachweisen als ein sehr schwaches Rauschen im Mikrowellenbereich, das aus allen Richtungen des Raums herkommt – die sogenannte kosmische Hintergrundstrahlung.

Das Inflationsmodell ist noch immer weitgehend spekulativ. Doch der Urknall als Ursprung des Weltalls ist allgemein anerkannt und steht auf einem soliden physikalischen Fundament. Um seine Bedeutung zu erfassen, müssen wir uns klarmachen, daß die extremsten physikalischen Zustände, die wir heute auf der Erde erforschen und verstehen, jene sind, die im Zentrum eines Atoms, in seinem Kern, herrschen. Wenn wir die beobachtete Expansion des Weltalls gleichsam zurückspulen, müssen wir annehmen, daß das Weltall vor etwa 13 Milliarden Jahren aus dem Nichts entstanden ist. Dies würde einem Zustand unendlicher Dichte entsprechen, den bislang niemand erklären kann. Setzt man diesen Augenblick als »Nullpunkt der Zeit« an, hätte sich das gesamte Weltall nur eine Hunderttausendstel Sekunde später im Kernzustand befunden. Das war der Urknall.

Damals herrschte im Weltall eine Temperatur von 1000 Milliarden °C und eine Dichte, die um den Faktor 100 000 Milliarden größer war als die Dichte von Wasser. Alles, was von diesem Zeitpunkt an – 0,0001 Sekunde nach dem »Nullpunkt der Zeit« – bis zur Gegenwart geschehen ist, läßt sich mit allgemein anerkannten physikalischen Gesetzen exakt beschreiben.

Wasser ist ein sehr seltsamer Stoff. Uns erscheint es nur so gewöhnlich, weil es zu unserem Alltag gehört. Es ist für das Leben von so zentraler Bedeutung, daß selbst unser Wort für ein Gebiet ohne Wasser – Wüste – gleichbedeutend ist mit einer Region ohne Leben. Doch auf den ersten Blick grenzt es an ein Wunder, daß Wasser überhaupt als Flüssigkeit auf der Erdoberfläche vorkommt.

Im allgemeinen gilt nämlich folgende Regel: Je leichter ein Molekül ist, um so kälter muß es sein, ehe es aus dem gasförmigen Zustand in den flüssigen Zustand übergeht. Wasser ist ein ziemlich leichtes Molekül, das nur 18 Einheiten auf einer Skala wiegt, auf der ein Wasserstoffatom eine Einheit wiegt. Es gibt viel schwerere Gase (wie etwa Kohlendioxid mit einer relativen Molekülmasse von 44), die unter denselben Bedingungen, unter denen Wasser Ozeane bildet, im gasförmigen Zustand verharren.

Dies ist darauf zurückzuführen, daß Wasser bereitwillig eine bestimmte Bindungsform eingeht, die sogenannte Wasserstoffbrückenbindung. Sie entsteht, weil Wasserstoffatome jeweils nur ein negativ geladenes Elektron besitzen, das ihren positiv geladenen Kern abschirmt. Wenn sich dieses Elektron gemäß der chemischen Formel H_2O mit einem Sauerstoffatom zu einem Wassermolekül verbindet, hält sich die negative Ladung zwischen dem Kern des Wasserstoffatoms und dem Sauerstoffatom auf, so daß die positive Kernladung »entblößt« wird. Bei anderen Atomen geschieht dies deshalb nicht, weil sie alle über zusätzliche Elektronen verfügen, die ihre Kerne abschirmen.

Diese überschüssige positive Ladung eines Wasserstoffatoms an einem Ende eines Wassermoleküls wird von negativen Elektronen am Sauerstoffende anderer Wassermoleküle angezogen. Dies führt dazu, daß Wassermoleküle »klebrig« sind, wodurch sie fest aneinanderhaften und nicht leicht voneinander abprallen. Aus diesem Grund ist Wasser im Unterschied etwa zu Kohlendioxid bei Raumtemperatur und normalem Luftdruck flüssig.

Noch bemerkenswerter ist die Tatsache, daß die Gestalt der Wassermoleküle wie maßgeschneidert dafür ist, daß die Moleküle beim Gefrieren von Wasser durch Wasserstoffbrücken in einem sehr offenen Gitter gehalten werden, ähnlich einem Diamantgitter, nur nicht so fest. Das Gitter ist so locker gefügt, daß festes Wasser (Eis) eine geringere Dichte besitzt als flüssiges Wasser. Aus diesem Grund schwimmt Eis. Würde es sinken – wie jeder Feststoff, der etwas auf sich hält, in seiner eigenen Flüssigkeit (etwa Eisen) –, dann würde sich im Winter Eis am Boden eines Teichs oder Meeres und nicht an seiner Oberfläche bilden. Statt von einem Deckel, der die Restwärme zurückhält, isoliert zu werden, würden die Meere ihre gesamte Wärme abgeben und vom Boden aufwärts einfrieren – und es gäbe kein Leben auf der Erde.

Einzelliges Leben

Der Mensch hält sich gern für die erfolgreichste Lebensform auf der Erde, das Produkt einer mehrere Jahrmilliarden währenden Evolution durch natürliche Selektion, die fortwährend die Individuen, auf die sie einwirkt, verbessert. Das ist ein Irrtum. In der Evolution geht es nicht um irgendwelche Verbesserungen, sondern darum, möglichst viele Nachkommen zu erzeugen, die Kopien der Gene von heute existierenden Lebewesen an künftige Generationen weitergeben. Gemessen an diesem Kriterium sind die einzelligen Lebensformen – Mikroorganismen, die seit Jahrmilliarden die Erde bewohnen, ohne jemals ihre Grundform verändert zu haben – die erfolgreichsten Lebensformen auf der Erde.

In jeder Phase der Evolution sind erfolgreiche Arten hervorragend an ihre ökologischen Nischen angepaßt, in denen sie sich kaum verändern. Wir stammen von einer langen Linie evolutionärer Außenseiter und Geächteter ab, die in jenen speziellen Nischen nicht sonderlich erfolgreich waren und sich daher neue Nischen erschließen mußten. Nehmen wir den Übergang vom Meer zum Festland. Die erfolgreichsten Fische blieben Fische – sie standen nicht unter Druck, das Land zu besiedeln. Die weniger erfolgreichen Fische wurden ins Flachwasser getrieben, wo sie sich als Amphibien einen neuen Lebensraum erschlossen. Die glücklosen Amphibien wurden dann ihrerseits ganz aus dem Wasser gedrängt und verwandelten sich in Reptilien, und so weiter.

Während dieser ganzen Zeit taten Bakterien das, was sie immer getan haben – sie überlebten, vermehrten sich und besetzten alle verfügbaren Nischen in großer Fülle. Enge Verwandte der frühesten Bakterien, einzellige Organismen, die nicht einmal einen Zellkern besitzen, in dem sie ihre DNS verpacken, sind die artenreichsten und weitverbreitetsten Organismen auf der Erde. Wegen der besonderen Vermehrungsform der Einzeller, die sich einfach in zwei Tochterzellen spalten, die mit der Mutterzelle identisch sind, stimmt es strenggenommen nicht, daß die heute existierenden Zellen Nachkommen der urzeitlichen Bakterien sind. In einem gewissen Sinne sind einige der Einzelbakterien, die heute auf der Erde leben, identisch mit den Zellen, die die Erde seit mehreren Milliarden Jahren bewohnen.

Sylvia Nasar

John Nash – Genie, Wahnsinn,

Wiedererwachen

John Forbes Nash jun. – Mathematikgenie, Begründer einer
Theorie des rationalen Verhaltens und Visionär der »Denk-
maschine« – saß schon fast eine halbe Stunde lang mit seinem Besucher, ebenfalls ein Mathematiker, zusammen. Es
war der späte Nachmittag eines Werktags im Frühling 1959,
und obwohl es erst Mai war, herrschte eine unangenehme
Hitze. Nash hatte sich in einen Sessel in einer Ecke des Auf-
enthaltsraums der Klinik fallen lassen. Er war nachlässig gekleidet und trug ein Nylonhemd, das locker über der Hose
ohne Gürtel hing. Sein kräftiger Körper war schlaff wie eine
Gliederpuppe, seine feinen Gesichtszüge waren ausdrucks-
los. Er hatte stumpfsinnig auf einen Punkt direkt vor dem
linken Fuß des Harvard-Professors George Mackey gestarrt
und sich nur bewegt, um sich seine langen dunklen Haare
mit einer ruckartigen und mehrmals wiederholten Bewegung
aus der Stirn zu streichen. Sein Besucher saß aufrecht da, die
Stille bedrückte ihn, und er war sich schmerzhaft des Um-
stands bewußt, daß das Zimmer verschlossen war. Schließlich gab Mackey seine Selbstbeherrschung auf. In seiner
Stimme schwang zwar leichter Verdruß mit, doch er bemühte sich, freundlich zu klingen. »Wie konnten Sie«, begann er, »wie konnten Sie als Mathematiker, als Verfechter
von Vernunft und von logischen Beweisen ... wie konnten
Sie daran glauben, daß Außerirdische Ihnen Botschaften
senden? Wie konnten Sie annehmen, daß Wesen aus dem All
Sie dafür benutzen wollten, die Welt zu retten? Wie konnten
Sie ...?«

Nash sah schließlich auf und richtete seine starren Augen
auf Mackey, die so kühl und leidenschaftslos waren wie die
eines Vogels oder einer Schlange. »Weil«, antwortete er
weich und mit schleppendem Südstaatenakzent, als würde er

zu sich selbst sprechen, »weil meine Vorstellungen von überirdischen Wesen auf dieselbe Weise entstanden sind wie meine mathematischen Ideen. Deshalb nahm ich sie ernst.«

Das junge Genie aus Bluefield, West Virginia, – gutaussehend, hochfahrend und äußerst exzentrisch – betritt die Bühne der Mathematik zum erstenmal im Jahr 1948. In den nächsten zehn Jahren – und dieses Jahrzehnt war zum einen vom starken Glauben an die menschliche Ratio geprägt und zum anderen von dunklen Ängsten um das Überleben der Menschheit bestimmt – erweist sich Nash laut Michail Gromow, einem hervorragenden Fachmann auf dem Gebiet der Geometrie, als »der außergewöhnlichste Mathematiker in der zweiten Hälfte des Jahrhunderts«. Strategiespiele, ökonomischer Wettbewerb, Computerarchitektur, die Form des Universums, die geometrische Beschaffenheit imaginärer Räume, das Geheimnis der Primzahlen – all dies beschäftigt den vielseitig Interessierten. Seine Ideen sind tiefsinnig und vollkommen unerwartet und treiben das wissenschaftliche Denken in neue Richtungen voran.

Der Mathematiker Paul Halmos schrieb: »Es gibt zwei Arten von Genies: Die einen sind so wie wir alle, dies aber weitaus ausgeprägter; die anderen verfügen offenbar über einen besonderen Schuß Genialität. Wir können alle laufen, und einige schaffen eine Meile unter vier Minuten. Doch nur die wenigsten vollbringen etwas, das mit der Großen Fuge in g-Moll vergleichbar ist.« Nashs Genie ist von jener rätselhaften Art, die häufiger mit Musik und Kunst assoziiert wird als mit der ältesten Naturwissenschaft. Er besitzt nicht nur einen schneller arbeitenden Verstand, ein besseres Gedächtnis oder ein größeres Konzentrationsvermögen. Seine plötzlichen Eingebungen sind rational nicht faßbar. Wie auch andere intuitive Mathematiker von Rang, beispielsweise Georg Friedrich Bernhard Riemann, Jules Henri Poincaré oder Srinivasa Ramanujan, hat Nash zuerst die Vision und arbeitet dann lange an den Beweisen. Doch auch nachdem er sich bemüht hat, ein verblüffendes Ergebnis zu erläutern, bleibt der faktisch von ihm eingeschlagene Weg jenen ein Rätsel, die seinen Gedankengängen zu folgen versuchen. Der Mathematiker Donald Newman, der Nash in den fünfziger Jahren am Massachusetts Institute of Technology (MIT) kennengelernt hatte, pflegt über ihn zu sagen, daß »alle anderen einen Gipfel besteigen, indem sie irgendwo auf dem Berg nach einem Weg suchen. Nash hingegen besteigt einen anderen Berg und hält von diesem entfernten Gipfel aus mit einem Suchscheinwerfer Ausschau nach dem ersten Gipfel.«

Niemand ist stärker von Originalität besessen, niemand verachtet Autoritäten vehementer oder pocht intensiver auf seine Unabhängigkeit als er. Als junger Mann ist er von den Hohepriestern der Naturwissenschaft des 20. Jahrhunderts umgeben, von Albert Einstein, John von Neumann und Norbert Wiener. Er schließt sich jedoch keiner Richtung an, wird niemandes Schüler und macht seinen Weg zum größten Teil ohne Leitfiguren oder Anhänger. In nahezu allem, was er anpackt – von der Spieltheorie bis zur Geometrie –, ignoriert er das herkömmliche Wissen, die herrschenden Modeströmungen, die traditionellen Vorgehensweisen. Er arbeitet fast immer allein, in seinen Gedanken, gewöhnlich im Gehen, wobei er oft Weisen von Bach vor sich hin pfeift. Nash bezieht seine mathematischen Kenntnisse weniger aus dem Studium dessen, was andere Mathematiker entdeckt hatten, sondern vielmehr aus der Neuentdeckung ihrer Resultate. Er will verblüffen und ist stets auf der Suche nach den wirklich großen Problemen. Wenn er sich mit einem neuen Rätsel befaßt, stößt er in Dimensionen vor, die Experten auf diesem Gebiet – und dies war er in keinem Fall – als einfältig oder verschroben verworfen hatten …

Das erstaunlich Paradoxe ist, daß seine Ideen an sich keineswegs abwegig waren. Im Jahr 1958 hob ihn die Zeitschrift *Fortune* wegen seiner bedeutenden Leistungen auf den Gebieten der Spieltheorie, der algebraischen Geometrie und der nonlinearen Theorie hervor und nannte ihn den klügsten Kopf der jüngeren Generation neuer, hochbegabter Mathematiker, die sich sowohl mit der reinen als auch mit der angewandten Mathematik beschäftigten. Nashs Einblick in die Triebkräfte menschlicher Rivalität – seine Theorie rationaler Konflikte und Kooperationen – sollte zu einer der einflußreichsten Ideen des 20. Jahrhunderts werden und die noch in den Kinderschuhen steckende Wirtschaftswissenschaft so verändern, wie Mendels Vererbungstheorie, Darwins Modell der natürlichen Auslese und Newtons Himmelsmechanik seinerzeit die Biologie und die Physik verändert hatten ...

Mit 30 Jahren erleidet Nash den ersten erschütternden Anfall paranoider Schizophrenie, die schlimmste, komplexeste und rätselhafteste Geisteskrankheit überhaupt. Während der folgenden drei Jahrzehnte leidet Nash an heftigen Wahnvorstellungen, Halluzinationen, Denk- und Gefühlsstörungen sowie an Willenlosigkeit. Erkrankt am »Gemütskrebs«, wie dieses allgemein gefürchtete Leiden bisweilen genannt wird, gibt Nash die Mathematik auf und beschäftigt sich statt dessen mit Zahlenmystik und religiöser Weissagung. Er hält sich selbst für eine »messianische Gestalt von großer, aber geheimer Bedeutung«. Mehrmals flieht er nach Europa und wird ein halbes dutzendmal gegen seinen Willen in Kliniken eingewiesen, oft bis zu eineinhalb Jahre lang. Er wird mit allen möglichen Medikamenten und mit Elektroschocks behandelt. Er erlebt kurze Remissionen und Perioden der Hoffnung, die jedoch nur wenige Monate währen, und wird schließlich zu einem traurigen Schatten seiner selbst. Jahr für Jahr sieht man ihn auf dem Campus der Princeton University, an der er einst als brillanter Doktorand tätig gewesen war, sonderbar gekleidet, vor sich hin murmelnd und mysteriöse Botschaften an die Tafeln kritzelnd ...

Eine Schizophreniedisposition war vermutlich für Nashs unkonventionelle Denkweise als Mathematiker von grundlegender Bedeutung, doch die vollständig ausgebrochene Krankheit zerstört seine Fähigkeit, schöpferisch zu arbeiten. Seine einst erhellenden Visionen werden zunehmend obskurer, in sich widersprüchlich und starren vor rein privaten Bedeutungen, die nur Nash versteht. Seine alte Überzeugung, daß das Universum rational sei, mutiert zu einer Karikatur ihrer selbst und verfestigt sich zu dem unerschütterlichen Glauben, daß alles eine Bedeutung und einen Grund habe, daß nichts willkürlich oder zufällig sei. Die meiste Zeit schirmen ihn seine grandiosen Illusionen gegen die schmerzliche Realität all dessen ab, was er verloren hat. Doch darauf folgen furchtbare Momente der Hellsichtigkeit. Gelegentlich beklagt er bitterlich sein Unvermögen, sich zu konzentrieren und sich an mathematische Regeln zu erinnern, was er auf die Elektroschockbehandlung zurückführt. Manchmal gesteht er, daß er sich seiner unfreiwilligen Untätigkeit schäme und sich nutzlos vorkomme. Zumeist jedoch drückt er seinen Kummer ohne Worte aus. Irgendwann in den 70er Jahren sitzt er einmal, wie stets allein, an einem Tisch im Speisesaal des Institute for Advanced Study, jener idyllischen Forschungsstätte, in der er einst mit Gelehrten wie Einstein, von Neumann und Robert Oppenheimer seine Ideen diskutiert hatte. An diesem Morgen, so erinnert sich ein Mitarbeiter des Institute, steht Nash auf, läuft zu einer Wand hinüber und bleibt dort viele Minuten lang stehen. Er schlägt seinen Kopf gegen die Wand, langsam, immer wieder, hat die Augen geschlossen, die Fäuste geballt, und sein Gesicht ist schmerzverzerrt.

Während Nash als Mensch in einem traumähnlichen Zustand der Teilnahmslosigkeit verharrt, ein Phantom ist, das in den 70er und 80er Jahren in Princeton herumgeistert, Tafeln vollkritzelt und religiöse Texte studiert, beginnt sein Name überall aufzutauchen – in ökonomischen Lehrbüchern, in Artikeln über Evolutionsbiologie, in wissenschaftlichen Abhandlungen über Politik und in mathematischen Zeitschriften. Sein Name taucht aber seltener direkt im Zusammenhang mit den Abhandlungen auf, die Nash in den 50er Jahren geschrieben hatte, als vielmehr in Kombination mit Begriffen, die allgemein derart gängig waren und einen so vertrauten Bestandteil vieler Themen darstellten, daß ein besonderer Hinweis nicht nötig ist: »Nash-Gleichgewicht«, »Nash-Verhandlungslösung«, »Nash-Programm«, »De Giorgi-Nash-Resultat«, »Nash-Einbettung«, »Nash-Moser-Theorem«, »Nash-Aufblasung« ...

Zu jenen, die Nash jeden Tag im Institute sehen, gehört auch Freeman Dyson, eine Koryphäe der theoretischen Physik des 20. Jahrhunderts, ehemaliges mathematisches Wunderkind und Autor eines Dutzends populärwissenschaftlicher, farbig geschriebener Bücher. Er ist damals in seinen 60ern, etwa fünf Jahre älter als Nash. Dyson ist ein kleiner, lebhafter Mann und Vater von sechs Kindern. Er ist keineswegs weltfremd, sondern interessiert sich sehr für die Menschen, was für diese Berufssparte eher ungewöhnlich ist. Und er gehört zu denen, die Nash aus Respekt grüßen, ohne im entferntesten eine Antwort zu erwarten.

An einem grauen Vormittag irgendwann in den späten 80er Jahren grüßt er Nash wie gewöhnlich. »Ich sehe, daß Ihre Tochter wieder in der Zeitung steht«, sagt der zu Dyson, dessen Tochter Esther eine häufig zitierte Autorität in Sachen Computer ist. Dyson ist von Nash noch nie angesprochen worden und erzählt später: »Ich hatte keine Ahnung, daß er mit ihrem Namen etwas anfangen konnte. Es war ein wundervoller Moment. Ich erinnere mich noch an mein Erstaunen. Am schönsten war dieses langsame Erwachen. Ganz allmählich wachte er irgendwie auf. Noch nie ist jemand so aufgewacht.«

Es gibt weitere Anzeichen für eine fortschreitende Genesung. Um das Jahr 1990 herum beginnt Nash, via E-mail mit Enrico Bombieri, seit vielen Jahren eine Koryphäe der mathematischen Fakultät des Institute, zu korrespondieren. Bombieri, ein gutaussehender, gebildeter Italiener, wurde mit der Fields-Medaille, dem Äquivalent des Nobelpreises für Mathematiker, ausgezeichnet. Nebenher malt er noch Ölbilder, sammelt Wildpilze und poliert Edelsteine. Bombieri ist ein Zahlentheoretiker, der sich schon seit langem mit der Riemann-Hypothese beschäftigt. Die Korrespondenz konzentriert sich auf diverse Vermutungen und Berechnungen, mit denen Nash im Zusammenhang mit der sogenannten ABC-Vermutung begonnen hat. Die Briefe zeigen, daß Nash wieder richtige mathematische Forschungen betreibt, und Bombieri sagt:

Zumeist sonderte er sich von seinen Mitmenschen ab. Doch irgendwann begann er, mit anderen zu reden. Wir sprachen viel über die Zahlentheorie. Manchmal diskutierten wir in meinem Büro, manchmal bei einer Tasse Kaffee im Speisesaal. Wir begannen auch, per E-mail zu korrespondieren. Ein kluger Kopf ... all seine Vermutungen weisen diese Komplexität auf ... nichts ist banal ... Die meisten Menschen, die auf einem bestimmten Gebiet anfangen, bemerken lediglich das Offensichtliche, das, was bereits bekannt ist. Auf Nash trifft das nicht zu. Er betrachtet die Dinge aus einem etwas anderen Blickwinkel.«

Eine spontane Heilung der Schizophrenie, die im allgemeinen noch immer als eine degenerative, zum Wahnsinn führende Krankheit betrachtet wird, ist so selten, insbesondere nach einem derart langwierigen und schweren Verlauf, wie es bei Nash der Fall war, daß die Psychiater, wenn eine Heilung tatsächlich eintritt, gewöhnlich die Gültigkeit der ursprünglichen Diagnose in Frage stellen. Doch für Menschen wie Dyson und Bombieri, die Nash in Princeton jahrelang beobachten konnten, bevor sie seine Verwandlung miterlebten, besteht kein Zweifel daran, daß er in den frühen 90er Jahren zu »einem wandelnden Wunder« geworden war.

Es ist jedoch sehr unwahrscheinlich, daß viele Menschen außerhalb dieses intellektuellen Olymps von diesen Entwicklungen, so dramatisch sie Princeton-Insidern auch erschienen, erfahren hätten, wenn es nicht ein weiteres Ereignis gegeben hätte, das sich am Ende der ersten Oktoberwoche des Jahres 1994 ebenfalls dort zutrug.

Ein Mathematikseminar ist gerade zu Ende gegangen. Nash besucht mittlerweile regelmäßig solche Versammlungen und stellt gelegentlich sogar eine Frage oder äußert eine

Vermutung und will sich davonstehlen. Harold Kuhn, Mathematikprofessor an der Universität und Nashs engster Freund, holt ihn an der Tür ein. Kuhn hat Nash zu einem früheren Zeitpunkt an diesem Tag zu Hause angerufen und vorgeschlagen, daß sie beide nach der Diskussion zusammen zu Mittag essen könnten. Der Tag ist so mild, das Wetter draußen so einladend, der Wald um das Institute so grün, daß sich die beiden Männer schließlich auf eine Bank gegenüber der mathematischen Fakultät am Rand einer riesigen Rasenfläche vor einen hübschen japanischen Springbrunnen setzen. ...

Kuhn hat sorgfältig eingeübt, was er sagen will, und kommt gleich zur Sache. »Ich möchte dir etwas sagen, John«, beginnt er. Wie immer vermeidet es Nash zunächst, Kuhn in die Augen zu sehen, und blickt statt dessen in die Ferne. Kuhn spricht weiter. Er sagt, daß Nash am nächsten Morgen zu Hause einen wichtigen Telefonanruf erhalten werde, wahrscheinlich gegen sechs Uhr. Der Anruf werde aus Stockholm vom Generalsekretär der Schwedischen Akademie der Wissenschaften kommen. Kuhns Stimme wird plötzlich ganz heiser vor Aufregung. Nash dreht sich nun zu ihm um und konzentriert sich auf jedes einzelne Wort. »Er wird dir sagen, John«, so Kuhn, »daß du einen Nobelpreis gewonnen hast.«

ÖKONOMISCHES SOLO

Pino Arlacchi
Der Mensch als Ware

Sklaverei ist die vollständige Verknechtung des Menschen mit dem Ziel, ihn auf vielfältige Art auszubeuten. Als eine spezifische Art des Parasitentums begegnen wir ihr im Wirtschaftsleben, im Verhältnis der Geschlechter zueinander wie in der Psychologie und Ethik der zwischenmenschlichen Beziehungen. Ihre Basis ist nackte Gewalt: Das Opfer verliert jedwede Verfügung über sich selbst und gerät unter die absolute Herrschaft eines anderen.

Die Vorstellung, daß man einen Menschen besitzen, nutzen und verkaufen oder ihn wie ein Haustier halten kann, geht auf die Antike zurück und war fast überall verbreitet. Die bedeutendste politische Abhandlung der Antike, die *Politik* des Aristoteles, beginnt mit einer berühmt gewordenen Verteidigung der Sklaverei. Die Stellung der Frau, des Sklaven und des Haustieres werden hier in einem Atemzug abgehandelt.

Solche Anschauungen werden nur allzu leicht belächelt und gelten als Tribut eines ansonsten überraschend modernen Denkers an seine Zeit. In Wahrheit zieht sich die Gleichsetzung von Sklave und Haustier wie ein roter Faden durch die Geschichte der Menschheit. Sie kam in den Namen der Sklaven ebenso zum Ausdruck wie in ihrem Tauschwert, der mit einer bestimmten Anzahl Rinder, Pferde, Schafe oder Schweine beziffert wurde.

Nur wenigen ist bekannt, daß die Sklaverei noch immer existiert, und noch weniger wissen, daß alljährlich in Genf ein Ausschuß der Vereinten Nationen zusammentritt, um über moderne Formen der Sklaverei zu beraten. Bei »Sklaven« denken die meisten an Menschen in Ketten, an Segelschiffe voller gemarterter Schwarzer auf dem Weg in die Vereinigten Staaten oder nach Brasilien, an Baumwollplantagen, *Vom Winde verweht* oder *Onkel Toms Hütte*: ein abgeschlossenes

Kapitel in der Geschichte, böse Erinnerungen an die frühka-
pitalistische Ausbeutung und an grausame Praktiken, die sich
in diesem neuen Millenium nicht wiederholen werden.

Zu den überzeugendsten Argumenten, auf die die Fort-
schrittsgläubigen gerne verweisen, gehört neben der »Ächtung« des Krieges auch die endgültige Abschaffung der
Sklaverei im 19. Jahrhundert. Mit der Verabschiedung eines
entsprechenden Gesetzes durch das brasilianische Parlament
im Jahre 1888 sei – so der weitverbreitete Mythos vom mo-
ralischen Progreß der Menschheit – die letzte Bastion der ge-
setzlich gedeckten Entwürdigung des Menschen gefallen.

Noch ist es zu früh, um dem 20. Jahrhundert ein Etikett
anzuheften und festzulegen, wo auf der Skala der Menschen-
rechtsverletzungen, auf der das Schlachten in den Weltkrie-
gen, der Holocaust und die Völkermorde einen Platz gefunden haben, die modernen Formen der Sklaverei einzuordnen
sind.

Immerhin beinhaltet der Fortschrittsmythos auch ein
Körnchen Wahrheit: daß die – von den ersten griechischen
Philosophen bis zu den amerikanischen Großgrundbesitzern
des 19. Jahrhunderts geteilte – Überzeugung verschwunden
ist, wonach die Sklaverei etwas ganz Natürliches sei, daß auf
ihr die wirtschaftliche und gesellschaftliche Ordnung auf-
baue und daß sie im Dienste des allgemeinen Fortschritts erhalten bleiben müsse. Heute wagen es nicht einmal mehr die
Führungsfiguren totalitärer Regime oder die Sklavenhalter
in Mauretanien, die Grundprinzipien der allgemeinen Men-
schenrechtserklärung von 1948 in Frage zu stellen.

Jedem Gesetzbuch, jedem Vertragswerk und jeder Verfassung liegen heute individuelle Freiheitsrechte und demokra-
tische Werte zugrunde. In allen Teilen der Welt wird Sklaverei streng verurteilt: durch das kollektive Bewußtsein, durch
Gesetze und durch die allgemein anerkannten Regeln des
Zusammenlebens. Wenn man sich heute dennoch mit der
Sklaverei befaßt, so könnte dies als Sensationslust anmuten,
als ein voyeuristisches Interesse an einem historisch längst
überholten Phänomen.

Die Wahrheit sieht ganz anders aus. Die Selbstzufriedenheit der Menschheit über ihre Errungenschaften verschleiert die tatsächlichen Verhältnisse. So verwechseln viele die gesetzliche Abschaffung der Sklaverei mit deren realem Verschwinden. Dabei übersehen sie zweierlei: Die älteste Form der Ausbeutung des Menschen durch den Menschen blieb nicht nur bis weit ins 20. Jahrhundert bestehen: Sie hat in den 70er Jahren sogar an Bedeutung gewonnen. So beginnt die Autorin einer der bekanntesten Studien zu den weitverbreiteten Formen der Versklavung von Frauen ihr Buch mit den Worten: »Als ich Mitte der 70er Jahre über *Sexuelle Versklavung der Frauen* schrieb, schien das Thema so tief verschüttet, daß sich nur mit Schwierigkeiten Beweise dafür finden ließen, wie Frauen zur Prostitution gezwungen und Objekte des internationalen Handels wurden. Der ›Mädchenhandel‹ war zu einem historischen Fundstück geworden, zu etwas, das möglicherweise im 19. Jahrhundert passiert war, aber nicht einmal darin herrschte Gewißheit.«

Im Zuge der Globalisierung der Kommunikation und der Märkte – trotz Wirtschaftswachstum und Vormarsch der Bürgerrechte in den entwickelten Ländern – sind in den letzten drei Jahrzehnten jedoch auch die Formen der modernen Sklaverei vielfältiger geworden und haben an Bedeutung gewonnen.

Es geht hier also nicht um Relikte aus der Vergangenheit oder um bizarre Ausnahmen, sondern um eine menschliche Tragödie von gewaltigem Ausmaß. Hinter ihr verbirgt sich ein zügelloses Profitstreben, das keine Grenzen und Schranken kennt. Der Londoner Organisation Anti-Slavery International zufolge leben heute über 200 Millionen Menschen in einem Zustand der Sklaverei. Angesichts dieser Dimensionen verblassen die Zahlen der Vergangenheit: Nach Berechnungen US-amerikanischer Wissenschaftler, die Register und Dokumente zum Menschenhandel zwischen Afrika und der Neuen Welt ausgewertet haben, überschritt die Anzahl dieser Opfer in einem Zeitraum von 400 Jahren nicht die Zwölfmillionenmarke.

Erschreckend sind vor allem die jüngsten Zahlen für die drei Dezennien vom Beginn der 70er Jahre bis heute. In diesem Zeitraum sind nach Schätzungen allein in Asien zirka 30 Millionen Frauen und Kinder mit dem Ziel der sexuellen Ausbeutung versklavt worden. Zählt man noch die 100 Millionen Kinder hinzu, die nach der Internationalen Arbeitsorganisation IAO brutal und schamlos ausgebeutet werden, bekommt man einen Eindruck vom Ausmaß einer der verheerendsten und am wenigsten bekannten Mißstände der gegenwärtigen Epoche.

Die zeitgenössische Sklaverei manifestiert sich in vielerlei Formen, aber keine davon ist neu. Die drei häufigsten – die erzwungene Prostitution von Frauen und Kindern, die Zwangsarbeit und die Schuldknechtschaft – sind uralte gesellschaftliche Auswüchse, die seit der griechisch-römischen Antike und seit Jahrtausenden auch in den asiatischen und afrikanischen Gesellschaften bekannt sind.

Die gesellschaftliche Ächtung und Gesetze zur Abschaffung im 18. und noch verstärkt im 19. Jahrhundert dämmten die Sklaverei vorübergehend ein; danach trat sie erneut als wichtiger Wirtschaftsfaktor in Erscheinung: auf den legalen Märkten mit der systematischen Ausbeutung von Minderjährigen in der Landwirtschaft, der Fischerei, der Textil- und Bekleidungsindustrie und im Bergbau in verschiedenen asiatischen Ländern; in Grauzonen der Wirtschaft wie der Schuldknechtschaft oder Zwangsarbeit in China, Indien, Brasilien, Myanmar (Birma), Nepal und anderswo; und in halblegalen Bereichen wie der Anwerbung und Vermittlung von Frauen und Mädchen, die in den Bordellen Südostasiens und der übrigen Welt sexuell ausgebeutet werden ...

Keine Form der sexuellen Sklaverei ist heute irgendwo auf der Welt legal und durch Gesetze gedeckt. Trotzdem gibt es sie mehr oder weniger sichtbar noch immer – innerhalb besonderer »Vertriebssysteme« für Menschen und als Teil einer vielfältig organisierten Sexindustrie. Der heutige Sexmarkt bedient zahlungskräftige Kunden, die für Stunden, Wochen oder Monate einen Menschen mieten möchten – ohne Einschränkungen bei der Nutzung. Die Rede ist hier von den bekannten Formen der Prostitution, die bis zur totalen Kontrolle des Käufers über das »Objekt« gehen können.

Noch zahlreicher sind Fälle, bei denen die Beziehungen zwischen Opfer und Peiniger an das Herrschaftsverhältnis der klassischen Sklaverei erinnern. Allerdings gibt es einen Unterschied: Heute werden solche Beziehungen unangefochten von den Kräften des Marktes beherrscht.

In den letzten Jahrzehnten ist ein hochlukrativer Markt für sexuelle Dienstleistungen entstanden. Dabei gilt: Je gröber die Verstöße gegen Menschenrechte, desto höher die Profite. Sexsklavinnen sind zu einer besonders begehrten Ware geworden: Der weltweite Markt an Frauen und Kindern, die als Sklaven gezwungen sind, die Bedürfnisse und Perversionen zahlender Kunden zu befriedigen, hat alarmierende Ausmaße angenommen.

Die Ketten dieser Sklaven sind nicht sichtbar. Dies ist auch nicht notwendig und erst recht nicht opportun. Die Versklavung findet auf moderne Art über ein ganzes Spektrum an Zwängen statt: Es reicht von Drohungen und psychischem Druck über Erpressung und Schulden bis hin zu Prügel, Verstümmelungen und Ermordung.

Der neue Sklavenhandel floriert inzwischen an den unterschiedlichsten Orten der Erde: »In den Bordellen von Manila und Nairobi, auf den Straßen Rios und New Yorks, in den Bars von Amsterdam und Bangkok, in Autobussen, auf

Bahnhöfen und in Hotelzimmern in allen Teilen der Welt. Millionen Kinder sind von sexueller Ausbeutung bedroht oder sitzen bereits in der Falle einer Milliarden umsetzenden Sexindustrie. Kinder, die zum Spielball zynischer und skrupelloser Erwachsener werden. Kinder, die als Zielscheiben der Gewalt schweren gesundheitlichen Risiken ausgeliefert sind. Kinder ohne Recht auf Ausbildung und ohne alle anderen Rechte. Kinder, denen die Kindheit und jede normale Möglichkeit der Entwicklung geraubt wird.«

Neben Kindersklaven wird ein ganzes Spektrum an jungen Frauen nach althergebrachten und neuen Methoden ge- und verkauft: über Kataloge und auf Straßenmärkten, über Zeitungsinserate oder direkt vom Vater, dem Ehemann oder dem Bruder, der über sie die Herrschaft ausübt. Heranwachsende Mädchen, die fast noch Kinder sind und deren Jungfräulichkeit von skrupellosen Ausbeutern vermarktet wird. Die Verbrecher kennen den Wert der Ware Mensch: Während eine Schiffsladung Waffen oder eine Sendung Drogen nur einmal verkauft werden kann, lassen sich aus der Vermietung erniedrigter Menschen immer neue Profite ziehen. Ein junges Mädchen kann Hunderte, ja Tausende Male zu sexuellen Handlungen gezwungen und dann zum herabgesetzten Preis in ein weniger profitables Marktsegment weiterverkauft werden. Ein kleiner Bub, der an pädophile Touristen vermietet wird, kann sich – wenn nicht zu alt oder durch Aids oder andere Krankheiten aus dem Geschäft – für den Besitzer als echte Goldgrube erweisen. Er muß nur mit Essen, Unterkunft und Kleidung versorgt werden.

Mädchen als Unterhalterinnen, als Masseusen, als Begleiterinnen für den Abend, als Gespielinnen für die Nacht. Mietfrauen für Stunden, Tage oder Wochen. Dienste zur Begleitung, zur Repräsentation, zur kosmetischen und spirituellen Behandlung. Die Bedeutung ist immer dieselbe. In diesem Bereich der Weltwirtschaft macht der Warenverkehr an keiner nationalen oder gesetzlichen Grenze mehr halt. Das Angebot befriedigt eine Nachfrage auf einem globalisierten Markt, auf dem die Gefühle von Menschen keine Rolle spielen …

Die Zwangsprostitution wurde im 19. Jahrhundert mit der Zunahme der Wanderungsbewegungen von Männern zu einem Massenphänomen, das als Nebenprodukt der Verstädterung gesehen werden kann. Auch im 20. Jahrhundert wurde die sexuelle Versklavung von Frauen durch eine massenhafte Mobilisierung von Männern eingeleitet – diesmal allerdings unter anderen Vorzeichen. Die brutalsten Formen der Ausbeutung der Frauen geschahen nicht mehr im Umfeld einer von der Arbeitssuche gesteuerten Abwanderung der Männer. Auch wenn diese gesellschaftlichen, wirtschaftlichen und demographischen Faktoren noch immer eine gewisse Rolle spielten, waren es bis über die 70er Jahre des 20. Jahrhunderts hinaus vor allem Truppenstationierungen, die für eine rasche Ausweitung der Sexmärkte sorgten.

Die jüngere Geschichte zeigte einmal mehr die Bereitschaft von Staaten und Gesellschaften, die weibliche Versklavung zu tolerieren. Das bekannteste Beispiel für die vollkommene Entrechtung von Frauen sind die sogenannten *Comfort Women*, Koreanerinnen, Chinesinnen oder Holländerinnen, die von den Japanern vor und im Zweiten Weltkrieg gefangengenommen und gezwungen wurden, Soldaten als Sexsklavinnen zu dienen.

Gewissermaßen als Wiedereinführung der chinesischen Feudalsitten setzten die japanischen Militärbefehlshaber zwischen 1932 und 1945 ein Programm in die Tat um, bei dem Frauen in den besetzten Ländern – angeblich auf freiwilliger Basis – kollektiv versklavt wurden. Einige Überlebende kämpfen noch heute um die Anerkennung des ihnen zugefügten Unrechts. Erst in jüngster Zeit hat ein japanisches Gericht den Staat zur Entschädigung von Opfern verurteilt.

Gerechtfertigt wurde diese sexuelle Versklavung durch das Militär als Strategie zur Verhinderung von Massenvergewaltigungen, die bei der Bevölkerung der besetzten Länder heftige Reaktionen hervorgerufen hätten. Wie schon von Demleitner ganz allgemein hervorgehoben, haben weder das Nürnberger Kriegsverbrechertribunal noch entsprechende asiatische Gerichtshöfe Zwangsprostitution als Kriegsverbrechen im eigentlichen Sinn gebrandmarkt. Obwohl nach der Genfer Konvention als Kriegsverbrechen geächtet, ist der Status von sexuellen Übergriffen in den internationalen Abkommen noch nicht genau definiert. Einen großen Schritt nach vorn brachte immerhin 1988 die Einrichtung des Internationalen Strafgerichts, das die Zwangsprostitution als Verbrechen gegen die Menschlichkeit eingestuft hat.

Mit der Stationierung von Truppen verbunden war – obgleich in anderer Weise als durch die japanische Besatzung – die Entwicklung der Sexindustrien in Thailand, auf den Philippinen und in Taiwan, auf Märkten, die einheimische wie ausländische Kunden bedienen.

Nach einem UN-Bericht war schon 1957 die große Abwanderung von Frauen vom Land in die Städte meistens durch den anschließenden Eintritt in die Prostitution motiviert. Mädchen aus armen Regionen wurden von den Eltern oder von Freunden zur sexuellen Vermarktung in die Städte geschickt. Daß in den 60er und 70er Jahren die traditionellen Gemeinschaften die Abwanderung von Frauen hinnahmen, spielte eine erhebliche Rolle bei der Entstehung eines Reservoirs an sexuellen Arbeitskräften, die von skrupellosen Unternehmern ausgebeutet wurden.

Nach Einrichtung von fünf US-Militärbasen weitete sich Anfang der 60er Jahre in Thailand der Markt für käufliche Liebe aus. Berechnungen zufolge verdoppelte sich innerhalb von zehn Jahren bis 1964 die Anzahl der Prostituierten von 200000 auf 400000. Für diesen Zuwachs verantwortlich war die Stationierung zahlungskräftiger US-amerikanischer Soldaten.

Daraufhin veränderte sich auch der rechtliche Rahmen der Prostitution. Das thailändische Gesetz von 1960, das das Geschäft mit sexuellen Dienstleistungen kriminalisiert und Huren wie Zuhälter mit Strafen belegt hatte, wurde den neuen Gegebenheiten angepaßt. 1967 erschien ein neues Gesetz zur Regelung des Vergnügungssektors. Jetzt war es Frauen erlaubt, gegen Bezahlung an öffentlichen Orten nicht näher präzisierte »besondere Dienstleistungen« zu erbringen. Im gleichen Jahr erhielten die Kontakte zwischen amerikanischen Soldaten und thailändischen Prostituierten durch das Programm »Rest and Recreation« (R & R) der US-Armee einen offiziellen Charakter: Nach ihm sollten im Vietnamkrieg eingesetzte amerikanische Soldaten die Zeit zwischen ihren Einsätzen in Thailand verbringen.

Solche Abkommen wie das zwischen den USA und Thailand oder anderen Staaten sind in der Tat nichts Besonderes. Sie sind eine noch immer übliche und beliebte Praxis bei der Betreuung der in aller Herren Länder stationierten Soldaten. Die britischen und US-amerikanischen Streitkräfte haben sogar Abkommen zur gesundheitlichen Überwachung der Prostituierten geschlossen, die im Einzugsbereich ihrer Militärbasen arbeiten. So sind die hispanischen Frauen, die für die britischen Streitkräfte in Belize als *Sex Workers* arbeiten, einem System der gesundheitlichen Überwachung unterworfen, und die Amerikaner haben im Rahmen ihres Programms »Rest and Recreation« Verträge mit den Behörden Australiens, Malaysias und Singapurs geschlossen.

Die US-Soldaten, die in Thailand stationiert waren, gaben 1970 einen Großteil ihres Geldes – ungefähr 20 Millionen Dollar – für sexuelle Dienstleistungen aus. Die amerikanische Militärpräsenz förderte so nicht nur die Entstehung von Clubs und Bars, in denen Bekanntschaften für sexuelle Kontakte – vorwiegend mit jungen Mädchen aus ländlichen Regionen – geschlossen werden. Sie sorgte zudem für die Entstehung eines besonderen Typs von Dienstleisterinnen, die der persönlichen Betreuung der Soldaten dienten: zum Essenkochen, zum Waschen und zur Befriedigung sexueller Wünsche. Viele dieser Frauen, die sogar für Nachwuchs sorgten und an die Tradition mietbarer Frauen anknüpften, wurden von den Soldaten nach ihrem Abzug verlassen.

Über die Rolle der amerikanischen Militärkontingente bei der Entwicklung der Prostitution in Südostasien ist viel geschrieben worden – insbesondere über die Sexindustrie in Thailand, Taiwan und auf den Philippinen. Die massive Präsenz von Soldaten – in Taiwan über das Programm »R & R« und auf den Philippinen durch die Militärbasen, die vor wenigen Jahren aufgelöst wurden – hat der Prostitution in beiden Ländern einen wahrhaften Boom beschert. Der Sexmarkt ist dank überdurchschnittlicher Wachstumsraten zu einem strukturellen Bestandteil dieser Volkswirtschaften geworden, weshalb sich die heutigen Regierungen bemühen, ihn teils in die Tourismusindustrie zu integrieren oder durch Kundschaft aus dem regionalen Raum zu beleben.

Nach Abzug der amerikanischen Truppen wurden die Folgen der Ausweitung des Prostitutionsmarktes spürbar. Inzwischen nehmen Männer aller gesellschaftlichen Gruppen und Schichten, vor allem aber thailändische Soldaten, regelmäßig die Angebote von Prostituierten in Anspruch: nach Schätzungen mindestens 45 000 Thailänder täglich. Der Tourismus und Geschäftsreisen tragen mit dazu bei, daß die Nachfrage nach käuflichem Sex in der Region – die dafür inzwischen weltweit bekannt ist – weiterhin auf hohem Niveau bleibt.

HANDELN, ERLEBEN, ERLEIDEN

Aus Geschichte und Politik

Heinz Ohff
Preußens Könige

Einen Staat namens Preußen gibt es nicht mehr, und es wird ihn vermutlich auch nie wieder geben. Er wurde gleich zweimal geopfert. Ursprünglich: damit die jahrhundertelangen Träume von einer Einigung aller Deutschen in einem gemeinsamen Staat in Erfüllung gehen konnten. Und ein zweites Mal endgültig: als Sündenbock für Untaten, die nicht von Preußen begangen worden waren, sondern von den braunen Nachfahren der deutschen Träumer.

Opferbereitschaft gehört zweifellos zum preußischen Geist. Sie beruhte bei diesem Selbstopfer allerdings beide Male auf einem Mißverständnis. Wilhelm I. hat 1871 geahnt, daß der Übergang von Preußen in Deutschland und sein Wechsel vom preußischen König zum deutschen Kaiser auf einen staatlichen Selbstmord hinauslaufen würde. Und als die Alliierten 1947 den Staat endgültig auflösten, konnten sie mit dem sozusagen entpreußifizierten Rest Deutschlands um so glimpflicher verfahren.

Worin bestand das Mißverständnis? 1871 auf einer Überschätzung deutscher Vereinigung im Rahmen damaliger internationaler Politik, die leicht, allzuleicht in Kriegsgewalt umzuschlagen drohte. Und 1947 auf einer Überschätzung der Rolle, die Preußen im Verlauf seiner Entwicklung gespielt hatte. Ein erfolgreicher Staat, der *Suum cuique,* jedem Untertan »das Seine«, zu geben bereit war und auf die Disziplin, die in ihm herrschte, bauen konnte, hatte im In- wie Ausland nicht nur eine gute Presse. Im Gegenteil. Man hat ihm schon frühzeitig all jene Eigenarten angelastet, die man zu Recht oder Unrecht als wenig erfreuliche Seiten des deutschen Wesens betrachtete.

Preußen schien geradezu der Erfinder des Militarismus, wobei man übersah, daß andere deutsche Staaten sich ebenso grimmig auf Kriege vorbereiteten. Vergessen auch die Tatsache, daß andere europäische Staaten, etwa England, Preußen von Herzen übelgenommen haben, wenn es sich in Kriegen nicht mit ihnen verbündete. Friedrich dem Großen hat man dank seiner äußerst erfolgreichen Angriffskriege weniger gezürnt als zum Beispiel Friedrich Wilhelm IV., der nicht am Krimkrieg teilnehmen wollte. Ohne Zweifel hatten die Preußen den Militarismus als ein staatstragendes Element angesehen und gepflegt, doch zumeist sehr umsichtig angewendet. Der eigentliche Begründer der preußischen Armee, der sich den Titel »Soldatenkönig« verdiente, hat so gut wie keine Kriege geführt (mit einer zögerlich vollzogenen Ausnahme, zu der er vertraglich verpflichtet war). Sein Enkel, Friedrich Wilhelm III., hatte ähnliche Skrupel. Er verfaßte ein pazifistisches Manifest und wäre gern ein Friedenskönig geworden, obwohl er das Militär liebte. Kriege suchte er allerdings zu vermeiden und konnte sich bald vor den zahlreichen Abgesandten europäischer Großmächte nicht retten, die ihn zum Völkerkampf überreden wollten. Daß ausgerechnet er dazu ausersehen war, Napoleon mit zu besiegen, ist einer der bittersten Treppenwitze der Weltgeschichte.

Einen Napoleon (oder Hitler) hat Preußen nicht hervorgebracht. Selbst Friedrich der Große, der alles wagte und das meiste gewann, war alles andere als ein Tyrann. In den Ländern, in die er einfiel, wurden die requirierten Lebensmittel, Pferde und Hilfeleistungen auf Heller und Pfennig bezahlt. Er hat weder einen Herzog von Enghien noch einen Ernst Röhm erschießen lassen. Tatsächlich hat Preußen als einer der ersten Staaten sowohl den Gleichschritt als auch die Uniform für alle Soldaten im Felde eingeführt. Das schuf nicht nur eine größere Übersichtlichkeit auf den Schlachtfeldern, sondern auch eine größere Gerechtigkeit sowohl Freund als auch Feind gegenüber.

Die Verantwortlichen für den Glorienschein, den sich Preußen selbstgefällig (aber keineswegs immer zu Unrecht) umlegte, waren freilich alles andere als uniform. Die neun Hohenzollernkönige, die es gegeben hat, erscheinen eher als ein bunter Haufen – lauter ausgesprochene Individualisten, von denen keiner dem anderen gleicht. Wer sie sich alle so vorstellt wie Friedrich den Großen, irrt. Sie können dessen genaues Gegenteil sein wie sein Nachfolger Friedrich Wilhelm II., der in fast allem fünfe gerade sein ließ, oder wie Friedrich III., die Hoffnung aller deutschen Liberalen im 19. Jahrhundert, der leider schon nach 99tägiger Regierung starb. Ob musisch wie Friedrich I. oder amusisch wie Friedrich Wilhelm I., einsilbig wie Friedrich Wilhelm III. oder großsprecherisch wie Wilhelm II., romantisch verträumt wie Friedrich Wilhelm IV. oder auf beinahe bürgerliche Weise realistisch wie Wilhelm I., der es vom gehaßten »Kartätschenprinz« zum populären König und zur kaiserlichen Vatergestalt gebracht hat – Preußen war anders, als es Lobredner wie Kritikaster dargestellt haben und mitunter immer noch darstellen. Es war vielfältiger und bunter, wie übrigens auch seine Fahnen, die sich keineswegs alle auf Schwarz und Weiß beschränkten. Zumindest die Regimentsfahnen waren vielfarbig und sogar mit Silber- oder Goldfäden bestickt. Es läßt sich selbst auf diesem Gebiet nur wenig auf ein und denselben Nenner bringen ...

Wilhelm II.

Er ist der deutscheste der drei Kaiser im Zweiten Reich. Und es fragt sich, ob man ihn überhaupt noch als einen Preußen bezeichnen kann. Den Titel »König von Preußen« führt er zwar weiter, sogar noch vor der Kaiserwürde. Aber ansonsten gibt er sich voll und ganz einem Image hin, das er sich von einem Herrscher macht, wie er zu einem siegreichen und vereinten Deutschland paßt. Nach den 27 Jahren, die sein Großvater, und den nur 99 Tagen, die sein Vater an der Regierung waren, hat er gute 30 Jahre Zeit, diese Herrscherfigur zu verkörpern. Oder, wie es manchmal den Anschein hat: zu spielen ...

Das Jahr 1888, ein deutsches Schicksalsjahr, beginnt mit Wilhelms Ernennung zum Generalmajor und endet mit dem lang erhofften Ziel. Drei Kaiser sitzen in diesem Jahr auf dem erst jüngst geschaffenen Thron des Deutschen Reiches. Er ist der dritte, und wie er sich auf dem Thron fühlt, zeigt seine Unterschrift. Bis hin zu seiner Abdankungsurkunde wird er hinter seinem Namen ein stolzes I. R., Imperator Rex, setzen. Haben sein Großvater und sein Vater gut ein halbes Leben darauf warten müssen, die Regierung zu übernehmen, hat er mehr Fortüne. Er wird im nächsten Jahr erst 30, ein agiler junger Mann, beliebt vor allem bei den Frauen, denen er mit seinen vielen schicken Uniformen imponiert, die von Orden und Medaillen aus aller Welt nur so blitzen. Den Schnurrbart trägt er zu dieser Zeit noch nach der Mode, mit den Spitzen nach unten hängend. Ein Hoffriseur wird diese in naher Zukunft mit viel Gelatine optimistisch nach oben zwirbeln. »Es ist erreicht!« nennt sich die neue Bartmode. Sie entspricht den Vorsätzen, die der junge Kaiser zu verwirklichen sich vorgenommen hat.

Den Großvater verehrt Wilhelm Zwo, wie er sich nicht ungern sich nennen hört, von allen Ahnen am meisten. Wenn ihm, was allerdings selten vorkommt, gar nichts mehr einfällt, läßt er in irgendeinem entlegenen Ort ein weiteres Denkmal oder einen Turm zu Ehren »Wilhelms des Großen« errichten. Mit allen Mitteln möchte er den ersten Kaiser des Zweiten Reichs so in die Geschichtsbücher eingehen lassen. Aber obwohl er seinen jüdischen Freund Albert Ballin, den Generaldirektor der Hapag-Reederei, dazu überreden kann, einen modernen Überseedampfer auf diesen Namen zu taufen, bürgert er sich für Wilhelm I. nicht einmal in Deutschland ein. Die Verehrung des Enkels ist ehrlich, auch wenn er den Großvater in keiner Weise zum Vorbild für seine eigene Herrschaft nimmt.

Wo dieser sparsam war und zurückhaltend, ist er verschwenderisch und laut. Schwer vorstellbar, daß der erste Wilhelm sich von kriecherischen Hofschranzen wie der zweite dieses Namens allmorgendlich eine Auswahl ausschließlich schmeichelhafter Presseartikel in einer eigenen Zeitung hätte vorlegen lassen, die in goldenen Lettern gedruckt ist. Und wo dieser sich auf die Arbeit konzentrierte, die gewissenhaft erledigt werden mußte, schwirrt der Enkel – man kann das wörtlich nehmen – nur so in der Weltgeschichte herum, in vier luxuriös eingerichteten Sonderzügen, in den ersten komfortablen Automobilen und jedes Frühjahr mit der eleganten Motorjacht *Hohenzollern* auf Nordlandreise zu den norwegischen Fjorden und Anfang des Sommers zur Teilnahme an der englischen Großregatta nach Cowes auf der Isle of Wight.

Er hält sich auch nicht an den Wunsch des Großvaters, den alten – inzwischen 75jährigen – Reichsgründer Bismarck so lange wie möglich im Amt zu behalten. Der fühlt sich durchaus noch fit für sein Amt, als er am 20. März 1890 in einem Handbrief Seiner Majestät die Entlassung erhält. Die gleichzeitige Ernennung zum Herzog von Lauenburg wirkt wie ein billiges Abschiedsgeschenk. Bismarck wird den Titel nie benutzen. Die Krone setzt dem Ganzen zudem ein persönliches Telegramm auf, in dem der abgesetzte Kanzler liest: »Mir ist so weh ums Herz, als hätte ich Meinen Großvater noch einmal verloren.«

In Wirklichkeit steht der Mann, der die deutsche Einheit geschaffen hat, dem jungen Draufgänger im Wege. Denn seine Thronbesteigung nimmt sich aus wie eine Machtergreifung. Wilhelm ist kein Hitler, aber wie er in einem Höllentempo alles nach seinem Gusto umzukrempeln versucht, ähnelt tatsächlich, gewissermaßen ein vorweggenommener Spuk, einer späteren, noch verhängnisvolleren historischen Situation, dem 30. Januar 1933. Blitzschnell erweitert Wilhelm die bislang relativ kleinen Stallungen des kaiserlichen Hofs auf 200 Pferdegespanne, die keine andere Aufgabe haben, als die Damen und Herren des Hofstaats in der Hauptstadt herumzukutschieren. Dem Hof selbst gibt er eine neue komplizierte Rangordnung, die – vom Oberstkämmerer bis zum letzten Leutnant – nicht weniger als 62 Abstufungen umfaßt.

Bismarcks Nachfolger im Amt des Reichskanzlers ist General Leo von Caprivi. Ihn hat Bismarck, wenn auch unter anderen Voraussetzungen, noch selbst empfohlen, weil er ihn, zu Recht, für unbestechlich hält. Graf Caprivi ist ein braver Militär, der an Disziplin gewöhnt ist, und einer mit Rückgrat. Den ersten Versuch einer Admiralsclique, die Kriegsflotte auf schwere Panzerkreuzer umzurüsten, weiß er zu verhindern, weil er der Meinung ist, für eine Landmacht wie Deutschland reichten leichte Kriegsschiffe zur Verteidigung aus. Um vorzugreifen: Kaum ist Caprivi in Ungnade geraten, wird sich der Admiral Tirpitz durchsetzen und Wilhelm der Schaffung einer Großmachtflotte zustimmen. Womit eine der Ursachen des Ersten Weltkriegs geschaffen worden wäre.

Caprivi ist also kein ganz ungeeigneter Mann, von Kriegsführung und Landesverteidigung versteht er etwas. Aber er hat keinerlei außenpolitische Erfahrung. So versäumt er, das deutsch-russische Neutralitätsabkommen, den sogenannten Rückversicherungsvertrag, zu erneuern, den Bismarck 1887 abgeschlossen hat und der die deutsche Politik bislang erfolgreich absichern konnte.

Und eben das will der Kaiser mit der Umschichtung des Personals erreichen. Dilettanten gehorchen seinen aus dem Blauen heraus gegebenen Befehlen williger als Fachleute, die sofort Einwände erheben. Auch die meisten frei werdenden Botschafter- und Gesandtenposten werden mit Offizieren besetzt, die zwar wenig Sachverstand mitbringen, deren Gehorsam jedoch keinem Zweifel unterliegt.

Gemessen an den meisten Entscheidungen Wilhelms und vor allem neben den Nachfolgern Bismarcks wirkt Caprivi wie ein weißer Rabe. Als echter Preuße versieht er sein Amt ohne jede Selbstsucht. Allerdings: »Die deutsch-preußische Situation, dies Labyrinth von verkrüppelter Demokratie und blühendem Byzantinismus, von Junkermacht, industrieller Macht, Soldatenmacht, Parteimacht«, so Golo Mann, »beherrschte er nicht.«

Was Caprivi ebenfalls nicht war, ist ein Naturfreund. Die

meisten Feinde macht er sich, als er im Garten der Alten Reichskanzlei in der Wilhelmstraße die schönen alten Bäume abholzen läßt, damit mehr Sonnenschein in die Bürofenster fällt. Entlassen wird er aber, weil er Wilhelms Forderung nach einem parlamentarisch abgesicherten Verbot einer jeden Revolte gegen die Monarchie nicht durchsetzen kann oder will. 1894 folgt ihm Fürst Hohenlohe-Schillingsfürst, der die »Umsturzvorlage«, wie Kaiser Wilhelm sie nennt, ebenfalls nicht durchsetzt, sich aber bis 1900 im Amt hält. Da hat der mittlerweile 81jährige den Widerstand gegen Wilhelms Eigenmächtigkeit längst aufgegeben.

Er wird häufig den Kopf über dasjenige geschüttelt haben, was ihm der Kaiser allein verbal zumutet. Als Hohenlohe meldet, daß der Reichstag die Umsturzvorlage erneut mit großer Mehrheit abgelehnt hat, erhält er die telegraphische Antwort: »Besten Dank für Meldung. Es bleiben uns somit noch die Feuerspritzen für gewöhnlich und die Kartätschen für die letzte Instanz übrig! Wilhelm I. R.« Noch Schlimmeres bekommt der Fürst zu hören, als der Kaiser sogar seine Verbündeten, darunter die englischen Verwandten, bei der Verabschiedung der Truppen für das gemeinsame Eingreifen der europäischen Großmächte gegen den Boxeraufstand in China erschreckt. In Peking sind von den fremdenfeindlichen Geheimbündlern die Botschaften bedroht und ist der deutsche Botschafter von Ketteler auf der Straße ermordet worden.

Man kann verstehen, daß das deutsche Staatsoberhaupt wütend ist. Kaiser Wilhelm aber gerät außer sich. Er tobt mit Schaum vor dem Mund. »Peking muß regelrecht angegriffen und dem Erdboden gleichgemacht werden«, fordert er, und: »Peking muß rasiert werden!« Als das deutsche Expeditionskorps am 27. Juli 1900 in Wilhelmshaven an Bord geht, wütet er: »Pardon wird nicht gegeben! Gefangene werden nicht gemacht! Wer Euch in die Hände fällt, ist Euch verfallen! Wie vor tausend Jahren die Hunnen unter ihrem König Etzel sich einen Namen gemacht (...), so möge der Name Deutscher in China auf 1000 Jahre durch Euch in einer Weise bestätigt werden, daß niemals wieder ein Chinese es wagt, einen Deutschen auch nur scheel anzusehen!«

Selbstverständlich streicht der vornehme Fürst Hohenlohe diese Passagen aus den offiziellen Texten, die an die Zeitungen gehen. Das gilt freilich nur für die deutsche Presse, und prompt äußert der Kaiser am anderen Morgen seine Enttäuschung, daß man ihm »das Beste« aus seiner Rede herausgestrichen habe. Da ein ausländischer Berichterstatter den originalen Text mitstenographiert hat, erscheinen in Frankreich, Rußland, England und sonstwo Kaiser Wilhelms Tiraden ungekürzt. Die Kommentare kann man sich vorstellen. Sie machen dem deutschen Namen keine Ehre. Den Vergleich mit den Hunnen verdanken die Deutschen also ausgerechnet einem deutschen Kaiser.

Ferdinand Seibt
Protentokrat

Protentokrat ist tschechisch. Es heißt: für diesmal!

Protentokrat – Protektorat: Mit diesem Zungenbrecher bezeichneten die Tschechen einen für ihr Nationalbewußtsein schrecklichen Sachverhalt: Das war, als ihr stolzes Staatsschiff am 15. März 1939 mit fürchterlichem Krach auf Grund gelaufen war.

Der Absturz begann im September 1938 mit dem Vertrag von München. Als in München im »Führerbau« in der Arcisstraße 12 am Abend des 29. September 1938 die vier Staatschefs der europäischen Großmächte zusammentraten, um darüber zu befinden, wie und wann die ein paar Tage zuvor bereits beschlossene Abtretung der vorwiegend deutschen Siedlungsgebiete der Tschechoslowakei an Hitlers Deutschland zu vollziehen sei, da war eine Delegation der Tschechoslowakei zu den Verhandlungen gar nicht zugelassen. Eine Demütigung, die den Beschlüssen entsprach. Und seither folgte eine Demütigung nach der anderen: Von ihren Bundesgenossen, ja Mitschöpfern ihres Staates, sahen sich die Tschechen auf einmal im Stich gelassen, trotz ihrer respektablen Militärmacht und der fiebernden Verteidigungsbereitschaft gegen Hitler, die selbst einen Teil ihrer deutschen Mitbürger, der vielgeschmähten verräterischen Sudetendeutschen, einschloß. Aber ohne ihre westlichen Verbündeten und ohne die sowjetischen, die sie erst 1935 gewonnen hatte, konnte sich die Republik nicht zum bewaffneten Widerstand entschließen. »Beneš hat aufgegeben und dadurch das moralische Rückgrat unserer Gesellschaft, die zum Kampf bereit war ..., für lange Zeit gebrochen«, schrieb 1972 der Philosoph und Dissident Jan Patočka. Sein Wort hallt noch nach.

Man hieß am 29. September 1938 in Prag die wütende oder weinende Menge auseinanderzugehen, die sich zur Verteidigung des Vaterlandes versammelt hatte. Man ließ das ganze tschechische Volk in eine tiefe Vertrauenskrise stürzen gegenüber seinem eigenen, 20 Jahre lang vergötterten Staat, gegenüber der 20 Jahre als Vorbild gepriesenen französischen Republik, gegenüber der westlichen Demokratie überhaupt, gegenüber dem Staatspräsidenten Beneš und dem Legionärsgeneral Syrový. Man entließ den bislang rastlos für das Staatswohl tätigen Edvard Beneš ins Exil und übergab an seiner Statt die Zügel des Staates dem bis dahin politisch unbekannten Verwaltungsgerichtspräsidenten Emil Hácha. Man mußte mit arroganten Deutschen um den genauen Grenzverlauf verhandeln, man mußte danach auch noch den unsolidarischen Zugriff der beiden Nachbarn Polen und Ungarn wegen kleiner Gebietserwerbungen ertragen und deshalb am 2. November einen »Wiener Schiedsspruch« der Achsenmächte akzeptieren. Man mußte eine fast 200 000 Menschen zählende Fluchtwelle tschechischer Bewohner aus den deutschen Grenzgebieten aufnehmen und dazu den nicht endenwollenden Jubel der Sudetendeutschen, ihr fast hundertprozentiges Bekenntnis zum Deutschen Reich in einer Nachwahl zum Deutschen Reichstag am 4. Dezember und die schmähliche deutsch-französische Nichtangriffserklärung vom 6. Dezember ertragen. Man fühlte sich anstelle des bisher international unter Demokraten geübten Respekts vor der kleinen Republik mißachtet und verraten. Manche Tschechen wandten sich danach auf dem Absatz um und »kollaborierten«. Das Wort haben zwar erst zwei Jahre später die Franzosen erfunden; die Sache erfand die tschechische Industrie schon im November 1938.

Am 14. März 1939 erklärte der slowakische Landtag unter deutschem Druck die Unabhängigkeit der Slowakei. Der östliche Bestandteil des tschechoslowakischen Staates, die im bisherigen Staatsnamen nicht vertretene Karpatho-Ukraine, wurde währenddessen von Ungarn besetzt, trotz eines Votums für nationale Selbstbestimmung der ukrainischen Mehrheit in dieser Provinz. Daraufhin ersuchte der tschechische Staatspräsident Emil Hácha in Berlin um eine Unterredung mit Hitler, aus rätselhaftem, jedenfalls sehr unbedachtem Impuls, vielleicht nur, um die tschechische moralische Souveränität in diesem Auflösungsprozeß zu bewahren. Er ging ungeschützt in die Höhle des Löwen. Er lieferte mit seiner spontanen Reise aus der noch nicht unmittelbar bedrohten Prager Residenz vor aller Welt eine Demutsgeste, eigentlich eine Demonstration für die vorweggenommene Unterwerfung. Einmal mehr spielte das Schicksal Hitler die Trümpfe in die Hand: Hácha wurde natürlich persönlich bedroht in der Reichskanzlei wie in einem Ganovenspiel. Er mußte sich mit Göring zurückziehen, um von ihm zu erfahren, wie sehr es der deutsche Luftmarschall bedauerte, müßte er Prag mit Bomben angreifen. Sein Schicksal vor Augen und einem Herzanfall nahe, fügte sich der tschechische Verwaltungsjurist, den nur die Verlegenheit nach der Flucht von Edvard Beneš zum Staatspräsidenten gemacht hatte. Er legte also sein Land »vertrauensvoll in die Hände des Führers des Deutschen Reiches«. Am 16. März ließ Hitler bereits in Prag das deutsche »Protektorat Böhmen und Mähren« verkünden.

Der Begriff »Protektorat« erinnerte in der europäischen Staatenwelt an Kolonialherrschaft. Das Wort brachte insofern nicht den möglichen freundlichen Akzent von Schutz und Schirm zum Ausdruck, sondern es bedeutete Bevormundung eines ansonsten zur Selbstregierung unfähigen Staatsgebildes und entsprach damit ungefähr Hitlers Urteil über die Tschechen, das man schon in seiner vielberufenen Kampfschrift lesen kann. Hácha behielt zwar den Titel eines Staatspräsidenten, »das Protektorat wurde aber nicht als Staat betrachtet«. So gab es denn auch fortan einen Reichsprotektor, der in Prag residieren sollte, ein sozusagen ehrenwerter Mitläufer Hitlers aus der honorigen Schule der deutschen Diplomatie, den bisherigen Reichsaußenminister Freiherr von Neurath. Und es gab bald auch einen Hitler voll ergebenen Sudetendeutschen, der in einem »Duumvirat« die konservative Liberalität des deutschen Protektors zu korrigieren hatte. Es gab einen sudetendeutschen Stellvertreter des tschechischen Oberbürgermeisters von Prag, einen sudetendeutschen Stellvertreter des Landespräsidenten von Böhmen und einen ebensolchen für den Landespräsidenten von Mähren. Zwischen dem »Sudetenland« und dem »Protektorat« gab es bis 1945 eine ziemlich gut bewachte Grenze, die auch die Verbindung der Menschen fortan zerschnitt. Politische Beziehungen gab es zwischen ihnen nicht mehr. Im »Sudetenland« regierte ein im Mai 1939 ernannter »Reichsstatthalter«. Er war, ungewöhnlich im »alten« Reichsgebiet, auch zugleich »Gauleiter« der erst noch zu organisierenden NSDAP. Nach einigem Tauziehen wurde der »Führer« und »Sprecher der Sudetendeutschen« aus der alten Tschechoslowakei auf diese Position berufen, der Turnlehrer aus dem westböhmischen Grenzstädtchen Asch, Konrad Henlein. Henlein war und wurde zum Symbol der Sudetendeutschen schlechthin, zu ihrem Stellvertreter vor der Geschichte, vor allem aber auch im Kern der tschechischen Erinnerung. Alle loyalen Deutschen gerieten hinter ihm in Vergessenheit. Er wurde den Tschechen zum personifizierten Verräter an der böhmischen Staatsidee, während er sich fortan forciert abwandte vom Schicksal der Tschechen und allein – reichlich illusorisch – versuchte, die Sudetendeutschen zu guten Reichsbürgern zu machen und »das Reich« an den neuen Protektoratsgrenzen enden zu lassen. Am Schicksal der Tschechen war er insofern, anders als andere nationalsozialistische »Raumpolitiker«, tatsächlich wenig beteiligt.

An diesem Schicksal nahmen auch die Sudetendeutschen in den folgenden Jahren kaum teil. Hácha wollte keine sudetendeutschen Beamten im Protektorat – »und seinem Wunsch wurde weitgehend Rechnung getragen«. Aber auch ihr Anteil an den Posten und Pfründen im »Dritten Reich« war begrenzt, begleitet von Mißtrauen über ihre Sachkenntnis bei den deutschen Behörden, über ihre Zuverlässigkeit bei der Partei, über ihre soldatische Vorbildung bei der Wehrmacht, über ihre treuherzige Unkenntnis des geheimen NS-Terrors und außerdem auch noch im Konkurrenzkampf um die neuen Positionen im neuen »Reichsgau« und im

»Protektorat« mit den »Altreichsdeutschen«. So brachten sie es überall im besten Fall nur zu »Stellvertretern«, von oben bis unten, bis zu Stellvertretern der neuen Kreisleiter der NSDAP ...

Als aber im neuen Protektorat nicht nur die Demütigung regierte, sondern Gewalt und Denunziation, wuchsen die alten Aspirationen der Tschechen heimlich mit dem Anspruch auf Hausrecht, und auch der war seit langem gepflegt von romantisierenden Literaten, Musikern und Historikern. In diese stille Glut schob nun die deutsche Protektoratsregierung Schritt für Schritt mit ihrem Terror neue Nahrung.

Am 28. Oktober 1939, dem 20. Jahrestag der Staatsgründung, demonstrierten die Prager unter starkem Anteil tschechischer Studenten in Ansammlungen, vornehmlich auf dem Wenzelsplatz, mit Hochrufen auf Masaryk und Stalin. Die tschechische Polizei schritt erst spät ein, aber es gab doch einen toten Arbeiter und einen schwerverletzten Studenten. Er starb am 11. November. Das Begräbnis vier Tage später gedieh zu einem neuen Protest. Diesmal wurde »hart« durchgegriffen. Neun vermeintliche Sprecher des Protestes wurden am 17. November ohne jedes auch nur standrechtliche Gerichtsverfahren erschossen. 1200 in Studentenheimen in Prag und Brünn mehr oder minder wahllos Ergriffene verschleppte man ins KZ Oranienburg. Damals war Polen schon besiegt und gedemütigt, und der Kriegszustand sollte auch in Deutschland brutale Maßnahmen »rechtfertigen«. Für die Tschechen im Protektorat überschritt diese Vergeltung als Antwort auf einen Protest bei einem Leichenzug aber jedes Maß. Studenten galten zu jener Zeit noch ganz allgemein als Hoffnungsträger, und das besonders im kleinen tschechischen Volk. Nun gab es keine Studenten mehr. Alle Hochschulen wurden geschlossen.

Zwar wurden im Lauf der nächsten zwei Jahre die Inhaftierten nach und nach wieder entlassen. Aber die Lehre war drastisch. Zur selben Zeit zählte man schon mehr als 400 Todesopfer der Besatzungsjustiz, ehe Hitlers Henker Reinhard Heydrich zum stellvertretenden Reichsprotektor wurde, um mit Zuckerbrot die tschechischen Arbeiter, mit der Peitsche die tschechischen Intellektuellen zur Räson zu bringen. Heydrich ließ den amtierenden Ministerpräsidenten der Protektoratsregierung wegen Hochverrats vor Gericht stellen und zum Tod verurteilen. Damit bedrohte er die gesamte Protektoratsregierung als Mitwisser. Das Attentat auf ihn durch tschechische Emigranten, in England organisiert, brachte eine neue Terrorwelle. Allein 1000 Erschießungen folgten dem 27. Mai 1942, darin eingeschlossen die immer wieder zitierte Hinrichtung aller 183 männlichen Einwohner des Dorfes Lidice, die zum Symbol geworden ist. Widerstandsverbindungen wurden immer wieder aufgebaut und immer wieder zerschlagen. Sie beschränkten sich eigentlich bis zum Kriegsende auf Nachrichtendienste und Flüsterpropaganda, allenfalls stille Demonstrationen. Eine solche bildete ein großes weißes V für »victory« im Sinn von Churchills Siegeszeichen, das 1943 eines Tages auf allen Lokomotiven zu sehen war, die aus dem Protektorat über die deutschen Grenzen rollten. Es war so schnell nicht wegzulöschen. Die deutsche Abwehr entschloß sich damals, es rasch in die eigene Propaganda zu übernehmen, um es unwirksam zu machen. Für die Sachkundigen gab das aber einen nachhaltigen Eindruck vom umfassenden Netz des tschechischen Widerstands.

Nach Heydrichs Tod wurde der Sudetendeutsche Karl Hermann Frank 1943 zum Staatsminister für Böhmen und Mähren und nun auch wirklich zum stellvertretenden Reichsprotektor. Er verfolgte eine generelle politische Entmündigung der tschechischen Bevölkerung, angelegt als langjährige Unterdrückung auch nach dem deutschen Sieg, an dem er noch 1944 nicht zu zweifeln schien, mit Aussiedlung und Assimilierung des tschechischen Volkes in mehreren Generationen. Für den Augenblick aber hielt er eine freundliche Einladung an die Tschechen zur Kollaboration bereit, um alle wirtschaftlichen und menschlichen Reserven des Landes zu nützen, getreu einer Denkschrift, die er schon 1940 verfaßt hatte. Die Maßnahmen wirkten. Der tschechische Widerstand behielt vornehmlich konspirativen Charakter und bereitete einen Aufstand erst vor für den Zeitpunkt einer sichtbaren deutschen Niederlage. Noch dem Aufstand der Slowaken im August 1944 schloß er sich nicht an. Kollaboration und heimliche Proteste bestimmten das Leben auch in den böhmischen und mährischen Kleinstädten, als die jüdischen Bewohner mit dem gelben Stern stigmatisiert und 1942 deportiert wurden, zunächst nach Theresienstadt, und damit aus dem Bewußtsein der Öffentlichkeit verschwanden. 30000 kamen in der Enge des Ghettos ums Leben, viel mehr noch später nach Transporten in die berüchtigten Todeslager. Erst der deutsche Zusammenbruch löste gewaltsamen Widerstand aus, mit einem Aufruf zum Aufstand am 5. Mai unter der Parole: »Wir bleiben treu.« Schußwechsel vielerorts, besonders in der Großstadt Prag, forderten in den letzten vier Kriegstagen unverhältnismäßig viele Opfer. Sie blieben ohne militärische Bedeutung.

Aus dem Krieg gingen die Tschechen mit rund 30000 Opfern ihres offenen oder heimlichen Widerstands in der Heimat oder in alliierten Armeen, mit etwa 80000 Ermordeten jüdischer Herkunft tschechischer oder deutscher Sprache mit tiefen Wunden hervor – aber zugleich auch mit dem Makel der Vertreibung ihrer deutschen Landsleute mit Zehntausenden von Toten. Viele tschechische Großväter hatte die Kollaboration mit Hitler kompromittiert, und maßlose Rache an den Deutschen verhalf ihnen danach nicht zur Rehabilitation, sondern nur zu noch tieferer Schuld. Die Frage: »Und hast Du auch auf die Deutschen geschossen, Großvater?« wurde zu einem tschechischen Buchtitel. Ein ehemaliger Freiwilliger der französischen Armee sucht sich darin seinen Enkeln zu erklären. Die Frage bleibt.

Von deutscher Seite hört man mitunter die törichte Meinung, den Tschechen sei es im Protektorat vergleichsweise gutgegangen. Sie hätten nicht für Hitler kämpfen müssen, während die deutschen Soldaten überall in Europa den Krieg austragen mußten. Diese absurde Entstellung will aber ernst genommen werden. Sie zeigt, wie weit sich die historische

Erinnerung verlaufen kann. Zweifellos überstanden viele tschechische Familien, die nicht der erbarmungslosen Gestapo, der Todesmühle der KZs oder den Volks- und Sondergerichten in die Hände fielen, die Kriegsjahre besser als polnische oder gar russische.

Aber die Feindseligkeit, ja Verachtung, die sie erfuhren, im öffentlichen Umgang mit den Deutschen und vielfach auch im persönlichen, die Einschränkung nicht nur ihrer politischen, sondern auch ihrer persönlichen Rechte ließen sich mit verhältnismäßig großzügigen Lebensmittelrationen nicht aufwiegen. Der tiefe Absturz eines Volkes mit zuvor unverhältnismäßig großem staatsbürgerlichem Interesse, der dem Dichter Karel Capek »das Herz brach« und seinen Bruder Josef im KZ das Leben kostete, der auch im stillen Widerstand nicht mehr das alte Selbstbewußtsein verlieh, der den seit Generationen bekämpften Minderwertigkeitskomplexe wiederbelebte, heilt nur langsam; und kaum schneller in den Händen der Historiker.

Hannah Arendt

Die Tage der Wandlung

28. Juli 1944

Der Krieg steht für uns nun im zwölften Jahr, und unsere Feinde, von allen Seiten umringt, haben begonnen, sich gegenseitig den Garaus zu machen. Das ist der Anfang vom Ende, wenn auch keiner weiß, wie lange das Ende noch dauern kann. Das ist der »Germanen Untergang«, wie ihn Hitler versprochen hat, und keiner weiß, ob und wie das deutsche Volk den Untergang der »arischen« Rasseorganisation überleben wird.

Das jüdische Volk aber wird diesen Krieg überleben. Es wäre töricht zu glauben, daß der Friede für uns leichter sein wird als der Krieg, in dem wir bis zum Ende als Alliierte nicht als eine der verbündeten Nationen anerkannt worden sind. Angesichts von Millionen wehrlos hingeschlachteter Opfer ist es schwer, nicht bitter zu werden; nach so vielen leeren Versprechungen, nach so vielen getäuschten Hoffnungen ist es schwer, sein Herz nicht zu verhärten.

Wenn der Friede kommt, werden wir mit Furcht und Hoffnung, diesen beiden Erzfeinden jüdischer Politik, unsere Zeit nicht verlieren dürfen. Um die europäischen Juden zu verstehen, die durch zu viele Höllen gegangen sind, als daß ihnen noch jemand Furcht einjagen könnte, und die durch zu viele eitle Hoffnungen sich haben narren lassen, als daß sie jemand noch verlocken könnte, sollte jeder versuchen, sich alle Stadien des Verlaufs der Schlacht im Warschauer Ghetto aufs genaueste mit Geist und Sinnen zu vergegenwärtigen. (Dies ist erst jetzt möglich geworden dank eines meisterhaften Berichtes von Shlomo Mendelsohn in der letzten Nummer des »Menorah-Journal«.) Denn in den Straßen von Warschau hat das europäische Judentum noch einmal, als sei es aufgerufen zu einer endgültigen Lektion, alle vergangenen Stadien typisch jüdischen politischen Verhaltens

157

durchlaufen, gleichsam repetiert – bis es zu jener Tat kam, durch welche das Antlitz des jüdischen Volkes geändert wurde.

Es begann mit dem 22. Juli 1942. An diesem Tag beging der Vorsitzende des »Judenrats«, der Ingenieur Czerniakow, Selbstmord, weil die Gestapo ihn aufgefordert hatte, 6000 bis 10 000 Menschen täglich zur Deportation bereitzustellen. Eine halbe Million Juden war im Ghetto, und die Gestapo befürchtete bewaffneten oder passiven Widerstand. Nichts dergleichen geschah. 20 000 bis 40 000 Juden meldeten sich freiwillig zur Deportation, und Zettel der polnischen Untergrundbewegung, die vor Deportation warnten, wurden nicht beachtet. Die Bevölkerung war »gefangen zwischen Furcht und fieberhafter Hoffnung«. Die einen hofften, daß »Evakuation« nur Umsiedlung bedeute, die anderen, daß sie von den Maßnahmen nicht betroffen werden würden. Die einen fürchteten, daß Widerstand ihr sicherer Tod sei; die anderen fürchteten, daß Widerstand die unmittelbare Gesamtexekution des Ghettos nach sich ziehen würde; und da die allgemeine jüdische Meinung gegen Widerstand war und Illusionen vorzog, scheuten sich die wenigen, die kämpfen wollten, die Verantwortung zu übernehmen.

Die Deutschen benutzten sorgfältig Hoffnung wie Furcht. Sie teilten die jüdische Bevölkerung in Kategorien: Sie gaben Papiere aus für die, welche in deutschen Fabriken arbeiteten – und die Arbeiter fühlten sich sicher. Sie stellten eine jüdische Polizeitruppe auf, welche zusammen mit Ukrainern, Litauern und Letten die Deportationen ausführten. Und ein Teil der Bevölkerung war zu Verrätern geworden. Sie trennten zwei Bezirke vom Ghetto ab; in dem einen lebten etwa 6000 jüdische Arbeiter, in dem anderen eine Bevölkerung von zirka 40 000, und eine Solidarisierung der Gesamtheit wurde verhindert. Jeder hatte besondere Gründe zu hoffen und zu fürchten.

Nach einigen Wochen ging den Bewohnern des Ghettos die Hoffnung verloren. Die Wahrheit über die Bestimmung der Deportierten war durchgesickert, und die Illusionen über die »Umsiedlung« waren zerstört. Auch dies hatte keinen Widerstand zur Folge. Die Stelle der Hoffnung wurde nur urplötzlich durch die Furcht ausgefüllt. »Durch die Straßen von Warschau wanderten bleiche Schatten, mit erschrockenen, blicklosen Augen. Sie liefen von Straße zu Straße in dem Wahn, daß vielleicht in der nächsten Straße die Gefahr nicht so groß sein würde« – sagt der polnische Berichterstatter. Die Deutschen waren von nun an völlig beruhigt: Von diesen Menschen war weder aktiver noch passiver Widerstand zu befürchten.

Die polnische Bevölkerung, die über das endgültige Schicksal der Deportierten unterrichtet war, verstand nicht, »warum die Juden keinen Widerstand leisteten, warum die jüdische Polizei so eifrig und die Überlebenden so apathisch waren. Über der Tragödie der Juden lag etwas Fatalistisches in all ihrem Schrecken, eine Ausweglosigkeit, die noch unterstrichen wurde dadurch, daß die zivilisierte Welt praktisch nicht reagierte.« So berichtet eine polnische Untergrundzeitung.

Ende August wußten Gruppen der Arbeiter und der Intelligenz, daß bewaffneter Widerstand unumgänglich der einzige moralische und politische Ausweg sein würde. Aber die »konservativen Kreise im Ghetto lehnten jede Idee des Kampfes kategorisch ab« – und hatten damit offenbar noch die Mehrheit der Bevölkerung hinter sich. Im Dezember lebten im Ghetto nur noch jüngere und vergleichsweise gesunde Menschen – alles andere war »umgesiedelt«. Unter Führung von Bundisten und Zionisten hatte sich eine jüdische Kampforganisation gebildet, welche ihre ersten Waffen Ende Dezember und Anfang Januar erhielt.

Nach einer kurzen Unterbrechung wurden im Januar 1943 die Deportationen wieder aufgenommen. Von der halben Million Juden, deren Widerstand die Gestapo im Juli 1942 gefürchtet hatte, waren nur noch etwa 40 000 am Leben; vor diesen fürchteten sie sich nicht. »Am 18. Januar marschierten starke SS-Abteilungen, unterstützt von deutscher und lettischer Polizei, in das Ghetto. Sie trafen auf etwas, was sie nie erwartet hatten. Einige Juden hatten sich in Wohnhäusern verbarrikadiert. Ein heftiger Kampf entspann sich. Die Kampforganisation hatte Gewehre und Munition aufgespeichert. Der Kampf dauerte mehrere Tage. Am 23. Januar rollten Tanks in das Ghetto.« (Bericht einer polnischen Untergrundzeitung)

Dieser erste, kurze Kampf war ausschließlich eine Angelegenheit des jüdischen Untergrunds, die allgemeine Bevölkerung beteiligte sich an ihm nicht. In einem an die amerikanischen Juden gerichteten Appell heißt es: »Nur Ihr könnt uns retten. Die Verantwortung vor der Geschichte tragt Ihr.« Die erwartete Hilfe von außen blieb aus, und in den folgenden Monaten organisierte die. Kampforganisation die Bevölkerung des Ghettos und bereitete sie auf das vor, was der polnische Regierungsberichterstatter dann mit Recht den »jüdisch-deutschen Krieg« genannt hat. Von jüdischer Seite war dieser Krieg eine levée en masse: Jeder hatte mitgearbeitet an der Befestigung der Straßen und Häuser, jeder hatte eine Waffe, jeder hatte eine bestimmte Aufgabe. Jeder wußte, daß der kommende Krieg nur mit einer militärischen Niederlage enden könne und daß er zu physischer Vernichtung führen würde. Jeder wußte, daß – in den Worten der polnischen Untergrundzeitung – »der passive Tod der Juden keine neuen Werte geschaffen hatte; daß er sinnlos gewesen war; daß aber ihr Tod mit der Waffe in der Hand neue Werte in das Leben des jüdischen Volkes bringen kann«. Ein letzter Versuch des Nazikommandanten, Illusion und Hoffnung im Ghetto wiederzuerwecken, blieb ohne Echo. Furcht und Hoffnung hatten das Ghetto verlassen.

Am 19. April begann der Kampf. SS-Divisionen, schwer bewaffnet, mit Maschinengewehren und Tanks, marschierten in das Ghetto. Die jüdische Verteidigung war glänzend organisiert. Eine Woche lang wurde eine reguläre Schlacht gekämpft, bei der die Deutschen schwere Verluste an Menschen und Material erlitten. Mehrere Male wurden sie hinter die Ghettomauern zurückgeschlagen. Daraufhin verzichteten sie auf die militärischen Regeln des Krieges und gingen zu jenen aus Grausamkeit und Feigheit gemischten Taktiken über, welche sie in den Augen der Polen um das Prestige »arischer Kriegstüchtigkeit« brachten. Mit Flammenwerfern und Dynamit griffen sie Haus nach Haus gesondert an. Diese Prozedur dauerte mindestens fünf Wochen. Ende Juni noch berichteten Untergrundzeitungen von Guerilla-Kämpfen in den Straßen des Ghettos. Dieser »Sieg« ist bis heute der letzte Sieg der Nazis geblieben.

Aus den Trümmerhaufen der Schlacht war niemand mehr zu deportieren. Viele waren mit der Waffe in der Hand gefallen. Wenige hatten sich mit der Waffe in der Hand gerettet – um dann jene Dutzende von jüdischen Kampfeinheiten zu organisieren, welche seither die Felder und Wälder Polens durchziehen und uns den Frieden, *unseren* Frieden erkämpfen.

Carol Ann Lee

Die Verhaftung Anne Franks

Karl Josef Silberbauer, der Mann, der die Familie Frank verhaftete, wurde 1963 von dem niederländischen Journalisten
Jules Huf interviewt:

JH: Tut Ihnen das, was Sie getan haben, nicht leid?
KJS: Natürlich tut es mir leid. Manchmal komme ich mir
direkt wie ein Ausgestoßener vor. Jedesmal, wenn ich
jetzt mit der Straßenbahn fahren will, muß ich mir die
Fahrkarte kaufen, genau wie jeder andere. Ich kann
nicht mehr einfach meinen Dienstausweis vorzeigen.
JH: Und Anne Frank? Haben Sie ihr Tagebuch gelesen?
KJS: Letzte Woche habe ich mir das kleine Heft gekauft, um
zu sehen, ob ich darin erwähnt bin ... bin ich aber
nicht.
JH: Millionen von Menschen haben das Tagebuch vor
Ihnen gelesen. Aber Sie hätten der erste sein können.
KJS: Das ist eigentlich wahr. Daran habe ich noch gar nicht
gedacht. Vielleicht hätte ich es doch aufheben sollen.

4. August 1944, ein warmer und ruhiger Vormittag in Amsterdam. Im Hauptbüro in der Prinsengracht 263 werfen
Lichtkringel, Reflexe der Sonnenstrahlen über der Gracht,
zitternde Muster an die Decke. Das einzige Geräusch ist gedämpft: das Rumoren der Gewürzmühlen im Magazin. Die
Menschen im Büro gehen ihren üblichen Aufgaben nach:
Bep Voskuijl, die 25jährige Stenotypistin, macht Eintragungen ins Postbuch, und die 35jährige Miep Gies sowie der
48jährige Johannes Kleiman sind ebenfalls in ihre Arbeit
vertieft. Keiner achtet auf das Geräusch eines draußen vorfahrenden Autos. Fahrzeuge aller Art parken täglich an der
Gracht. Daran ist nichts Ungewöhnliches, nicht einmal, daß
das Auto direkt vor dem Lagerhaus stoppt.

Bep erzählte später: »Jemand kam die Treppe herauf. Ich überlegte, wer es sein könnte. Es kamen oft Besucher. Nur war jetzt zu hören, daß es mehrere Leute waren ...«

Die Bürotür öffnete sich. Ein hochgewachsener, schlanker Mann in Zivil stand im Flur. Er hatte »ein langes, ausgetrocknetes und gelbliches Gesicht« und hielt eine Pistole in der Hand. Er richtete die Waffe auf die Anwesenden und warnte: »Ruhig sitzenbleiben und nicht weggehen.« Dann verschwand er und ließ die drei wie gelähmt zurück. Miep sagte plötzlich: »Bep, wir sind dran.«

Im Nachbarbüro hörte Victor Kugler Schritte auf dem Flur. Dann öffnete sich auch seine Tür. Er starrte die vor ihm stehenden Männer an.

Kugler kannte ihre Namen damals nicht. Einer von ihnen war Karl Josef Silberbauer, ein stämmiger Mann in den 40ern, an dem nur seine Gestapouniform auffiel. Er wurde begleitet von drei oder vier niederländischen Nazis in Zivil, die sich benahmen »wie die Agenten in einem Kriminalfilm«. Einer von ihnen war Maarten van Rossum, ein berüchtigter Kollaborateur.

Der Gestapobeamte trat vor. »Wer ist der Hauseigentümer?« Er hatte einen deutlichen Wiener Akzent. Kugler nannte ihm Namen und Adresse des Hauseigentümers.

»Das meine ich nicht. Wer ist hier verantwortlich?«

»Ich«, erwiderte Kugler.

Einer der niederländischen Nazis trat an den Schreibtisch. »Wir wissen *alles*. Sie sind angezeigt worden.« Nach einer Pause fuhr er fort: »Sie verstecken Juden. Sie sind in diesem Haus. Bringen Sie uns zu ihnen.«

Kugler errötete bis in die Haarwurzeln. Es war vorbei. Er stand auf und führte die Männer nach oben.

Miep hantierte mit ihrer Einkaufstasche und zog die gefälschten Lebensmittelkarten heraus, die sie brauchten, um acht untergetauchte Menschen zu ernähren. Sie hielt die Karten auf dem Schoß, griff noch einmal in die Tasche und holte Geld heraus und etwas zu essen für ihren Mann Jan.

Einige Zeit war vergangen, seit die Niederländer das Zimmer verlassen hatten. Jan kam um Viertel vor zwölf. Miep lief zur Tür, packte ihn am Arm, drückte ihm das Geld, das Essen und die Lebensmittelkarten in die Hand und flüsterte: »Hier ist dicke Luft.« Er begriff sofort und zog sich rasch und leise aus dem Gebäude zurück.

Miep: »Später erschienen noch ein Niederländer und ein deutschsprechender Mann (der sich später als Österreicher, wie ich in Wien geboren, erwies). Dieser war der Chef. Ich hörte sie nach oben gehen, wobei Herr Kugler sie begleiten mußte ...«

Kugler, Silberbauer und die niederländischen Nazis standen in dem kleinen Durchgangszimmer, das auf dem Stockwerk über den Büros das Vorderhaus mit dem Hinterhaus verband. Am einen Ende des Korridors befand sich ein Bücherregal und am anderen eine Tür mit Rautenmuster, zwei Seitenfenster waren teilweise mit festem Papier verdunkelt.

Kugler: »Äußerlich täuschte ich große Ruhe vor, aber innerlich war ich von Angst erfüllt ... Wir hatten die entscheidende Stelle erreicht.«

Er zeigte auf das Bücherregal, das mit alten Aktenordnern mit den Aufschriften »Opekta« und »Pectacon« vollgestellt war. Die Männer in Zivil rüttelten heftig an dem Regal, doch es gab nicht nach.

Kugler: »Das Bücherregal rührte sich nicht. Immer wieder versuchten sie vergeblich, es beiseite zu schieben. Schließlich fanden sie den Haken, an dem das Regal befestigt war. Sie machten den Haken los und zogen dann das Regal von der Wand ...«

Dahinter kam eine einfache graue Tür zum Vorschein. Einer der Niederländer drehte am Knauf; eine Reihe abgetretener, steiler Stufen führte in die Dunkelheit. Am Fuß der Treppe, zur Linken, befand sich ein schmaler Flur. Zur Rechten war ein kleiner Waschraum.

Kugler: »Der Moment, den ich seit zwei Jahren gefürchtet hatte, war eingetreten. Ich wußte, daß uns jemand verraten hatte. Die acht in dem geheimen Hinterhaus waren verloren; ein schreckliches Schicksal erwartete sie alle.«

Silberbauer zog nun seinen Revolver. Er schob Kugler nach vorn, drückte ihm den Revolver in den Rücken und befahl: »Rein!«

Kugler ging langsam durch den Flur links von der Treppe und betrat ein Zimmer mit niedriger Decke. Es war unangenehm schwül, wie immer in den Sommermonaten. Das Fenster wurde nie geöffnet, und die schweren, vergilbten Vorhänge wurden nie zur Seite gezogen, so daß der Wind die schale Luft hätte wegblasen können. Neben dem verwitterten Fensterrahmen löste sich die Tapete, der dunkle Anstrich blätterte ab. Victor Kugler hob die Augen zu der dunkelhaarigen Frau neben dem Tisch. Ihr Gesicht drückte Angst und Verwirrung aus.

»Die Gestapo ist hier«, sagte er.

Unten trat einer der niederländischen Nazis in das Hauptbüro, wo Bep, Miep und Kleiman noch immer warteten. Er befahl Kleiman, ihn in Kuglers Büro zu begleiten. Nach zehn Minuten kam Kleiman allein zurück; er war angewiesen worden, Miep die Schlüssel zum Gebäude zu geben. Er reichte Bep seine Brieftasche und sagte: »Gehen Sie in die Drogerie in der Leliegracht. Der Besitzer ist ein Freund von mir. Er wird Ihnen erlauben, sein Telefon zu benutzen. Rufen Sie meine Frau an, berichten Sie ihr, was passiert ist, und dann verschwinden Sie.« Auf diese Weise konnte Bep entkommen. Bevor Kleiman in das rückwärtige Büro zurückkehrte, drückte er Miep die Schlüssel in die Hand und flüsterte: »Sie müssen versuchen, sich da rauszuhalten. Es hängt von Ihnen ab zu retten, was hier noch zu retten ist. Es liegt in Ihrer Hand.«

Miep blieb schweigend sitzen. Als sie nach dem Krieg gefragt wurde, ob es für einen Fall wie diesen einen Plan gegeben habe, erwiderte sie: »Nein, nein. Wir waren so sicher, daß es nie geschehen würde.«

In einer kleinen, feuchten Dachkammer übte Otto Frank englisches Diktat mit dem 18jährigen Peter van Pels. Er korrigierte Peters Fehler, als er jemanden ohne jegliche Vorsicht die Treppe heraufstürmen hörte. Otto fuhr überrascht hoch. Die Tür wurde aufgerissen, und ein Mann richtete eine Pistole auf seine Brust. »Hände hoch!«

Der Mann durchsuchte die beiden nach Waffen. Als er nichts fand, bedeutete er ihnen mit der Pistole, die Kammer zu verlassen. Sie gingen an ihm vorbei in das Zimmer von Peters Eltern, wo Herr und Frau van Pels und Fritz Pfeffer, der das Versteck mit ihnen teilte, mit erhobenen Händen dastanden. Ein weiterer niederländischer Nazi bewachte sie.

»Nach unten.«

Im Zimmer der Franks warteten Edith Frank und die beiden Mädchen, Margot und Anne, ebenfalls mit erhobenen Händen. Margot weinte leise. Kugler stand da, außerdem ein dritter niederländischer Nazi und Silberbauer, der seine Pistole gezogen hatte. Die Sonne schimmerte durch die dicken Vorhänge.

Otto: »Ich hätte mir nicht einen Augenblick lang vorgestellt, wie es sein würde, wenn sie vor uns ständen. Es war auch nicht auszudenken. Aber jetzt standen sie da ...«

Silberbauer beobachtete sie aufmerksam. Niemand war in Panik geraten. Er schaute Otto Frank an. »Wo sind Ihre Wertsachen?«

Otto zeigte auf einen Wandschrank. Silberbauer nahm eine kleine Kassette heraus, die ein paar Schmuckstücke und ein Bündel Banknoten enthielt. Sein Blick fiel auf Ottos Aktentasche. Er schüttete sie aus, Hefte, lose Blätter und ein Autogrammalbum mit kariertem Umschlag fielen auf den Boden. Dann leerte er die Kassette in die Aktentasche und legte einige silberne Schmuckstücke und eine Menora aus Messing dazu. »Haben Sie irgendwelche Waffen?« fragte er und ließ die Aktentasche zuschnappen.

Alle schüttelten nacheinander den Kopf.

»Gut.« Silberbauer dachte einen Moment lang nach und sagte dann: »Fertigmachen! In fünf Minuten sind alle abmarschbereit!« Die Gruppe löste sich auf. Die van Pelsens eilten nach oben und holten ihre Rucksäcke. In den zwei Jahren, die sie nun im Versteck lebten, hatten sie neben der Entdeckung vor allem befürchtet, daß ein Feuer in dem mit Holz verschalten Gebäude ausbrechen könnte. Deshalb hatten alle eine »Fluchttasche« für den Fall vorbereitet, daß sie das Hinterhaus rasch verlassen mußten. Natürlich wußte keiner, wo sie einen neuen Unterschlupf hätten finden können.

Anne und Pfeffer gingen in das Zimmer, das sie teilten, und ließen Otto, Edith und Margot mit Silberbauer und den niederländischen Nazis zurück. Otto nahm seinen Rucksack von einem Haken. Silberbauer marschierte auf und ab. Eine Karte, auf welcher der Vorstoß der Alliierten markiert war, hing an einer Wand; kleine rote Stecknadeln zeigten ihre Erfolge an. Mehrere Nadeln steckten in der verblichenen, geblümten Tapete und warteten auf den Gebrauch. Neben der Karte waren horizontale Bleistiftlinien mit Buchstaben und Daten gezogen: »A, 1942«, »A, 1943«, »A, 1944«. Otto ließ Silberbauer wissen, wie lange sie sich versteckt gehalten hatten.

»*Zwei Jahre?*« Silberbauer war verblüfft. »Das glaube ich Ihnen nicht.«

Otto deutete auf die Bleistiftlinien. »Da haben wir das Wachstum unserer jüngsten Tochter festgehalten, während wir hier waren.«

Silberbauer erlebte eine weitere Überraschung, als er eine graue Armeetruhe zwischen den säuberlich gemachten Betten und dem Fenster entdeckte. »Wem gehört diese Truhe?«, fragte er barsch.

»Sie gehört mir«, erwiderte Otto, »ich war im Ersten Weltkrieg Leutnant der deutschen Armee.«

Silberbauers Gesicht rötete sich. »Warum haben Sie das denn nicht gemeldet? Sie wären ins Arbeitslager Theresienstadt geschickt und anständig behandelt worden!«

Otto schwieg, Silberbauer wich seinem festen Blick aus.

Kugler: »Ich sah, wie Silberbauer mit widersprüchlichen Gefühlen kämpfte ... Er hatte vor Herrn Frank Habachtstellung angenommen, und auf einen scharfen Befehl hin hätte er wohl salutiert.«

Silberbauer wirbelte herum und rannte nach unten. Kurz darauf kehrte er zurück und rief: »Keine Eile, nehmen Sie sich Zeit, nehmen Sie sich Zeit!« Das gleiche sagte er zu seinen Untergebenen.

Otto: »Vielleicht hätte er uns verschont, wenn er allein gewesen wäre.«

Der niederländische Nazi, der die drei im Büro als erster bedroht hatte, erschien wieder unten und setzte sich an Beps Schreibtisch. Miep hörte ihm zu, während er telefonisch einen Wagen bestellte. Dann stand Silberbauer vor ihr: »Jetzt sind Sie dran!«

Sie beschloß, ein Risiko einzugehen und sagte: »Sie sind doch Wiener. Ich bin auch aus Wien.«

Silberbauer starrte sie an und verlangte ihre Papiere.

Miep reichte ihm ihren Personalausweis. Silberbauer musterte den Ausweis und registrierte, daß ihr Name »Gies« war. Eine der Firmen im Gebäude hieß »Gies & Co«. Er drehte sich um und brüllte den Zivilisten an: »Scheren Sie sich raus!« Der Mann schlich wie ein geprügelter Hund zur Tür.

Silberbauer warf die Kennkarte hin und schrie: »Schämen Sie sich denn gar nicht, diesem Judenpack zu helfen! Sie haben die schlimmste Strafe verdient!« Miep blieb stumm. Plötzlich gewann Silberbauer die Fassung zurück. »Was soll ich mit Ihnen anfangen?« fragte er nachdenklich. Er beugte sich vor und nahm ihr die Schlüssel aus der Hand. »Aus persönlicher Sympathie ... Von mir aus können Sie bleiben. Aber gnade Ihnen Gott, wenn Sie türmen. Dann holen wir Ihren Mann ab.«

Miep rief: »Sie werden schön die Hände von meinem Mann lassen. Das hier ist meine Angelegenheit. Er hat davon keine Ahnung.«

Silberbauer schnaubte. »Reden Sie doch keinen Schmarren. Natürlich hängt er mit drin.« Er ging zur Tür und sagte: »Morgen komme ich wieder.«

Miep: »Ich hatte keine Ahnung, was im übrigen Haus geschah. Ich war in einer furchtbaren Verfassung, als stürzte ich ins Bodenlose ...«

Im Hinterhaus berührte Anne ihren Vater an der Schulter. Sie hielt ihm ein Bündel Habseligkeiten hin. Otto sortierte rasch die Sachen aus, die sie mitnehmen sollte.

Otto: »Anne ging hin und her und warf nicht einmal einen Blick auf die Aktentasche, in der sie ihr Tagebuch verwahrte. Vielleicht ahnte sie, daß nun alles verloren war.«

Niemand verlor die Fassung. Schließlich waren alle bereit und gingen hintereinander durch den engen Korridor zu dem schwenkbaren Bücherregal. Als alle im Flur waren, schloß einer der Polizisten die Tür ab und schob das Regal wieder an seinen Platz.

Miep, die in ihrem Büro wartete, hörte sie »mit tappenden Schritten« die Treppe herunterkommen.

Sie versammelten sich im Privatbüro zwischen den eleganten Möbelstücken, die Otto Frank Jahre zuvor stolz ausgewählt hatte. Kugler war bereits dort, und Kleiman trat etwas später ein. Ein niederländischer Nazi stand zwischen ihnen, während Silberbauer zuerst Kugler und dann Kleiman verhören wollte. Ihre Antwort lautete stets: »Ich habe nichts zu sagen.«

»Schön«, fauchte Silberbauer mit wütendem Gesicht, »dann kommen Sie auch mit.«

Jan Gies stand mit Kleimans Bruder auf der anderen Seite der Gracht. Sie sahen einen fensterlosen Polizeiwagen, um den sich Zuschauer geschart hatten, vor der Prinsengracht 263.

Kleiman und Kugler traten als erste auf die Straße. Ihnen folgten die Bewohner des Hinterhauses, die nach zwei Jahren im Versteck frische Luft und Sonnenlicht nicht mehr kannten.

Otto: »Unsere beiden Lagerhalter standen im Hausflur, als wir herunterkamen, van Maaren und der andere, aber ich sah nicht, wie ich an ihnen vorbeiging, und ich sehe in der Erinnerung ihre Gesichter nur noch wie blasse, leere Scheiben, die sich nicht bewegten.«

Im Wagen setzte sich Kleiman auf die Bank direkt hinter den Chauffeur. Ihm gegenüber hatte ein Mann Platz genommen, dessen Gesicht er im Dunkeln nicht erkennen konnte. Während die anderen hereinkletterten und sich auf der Bank niederließen, flüsterte der Chauffeur Kleiman zu: »Achtung. Nicht reden jetzt. Das ist auch einer …« Er nickte leicht zu dem Mann in der Ecke hinüber. Dann wurden die Türen zugeschlagen, und sie waren von Dunkelheit umhüllt.

Sonnenlicht strömte ins Zimmer und fiel auf die Verwüstung, die ungeschickte Hände angerichtet hatten. Der Inhalt der Aktentasche war, wie ihn die Gestapo zurückgelassen hatte, über den Fußboden verstreut. Die gleiche schräge Handschrift bedeckte alles: lange, zugespitzte Striche, wie anklagende Finger, auf buntem Papier, in Schulheften, unter Fotos in einem abgeschabten alten Album. »Das ist ein Foto, wie ich mir wünschen würde, immer so zu sein …« Und unter dem verblichenen Foto eines Mädchens, das sich über einen Balkon lehnt und dessen dunkles Haar in der Frühlingsbrise flattert: »Oma sollte eigentlich auf dem Bild sein. Margot drückte auf den Auslöser, und nachdem man es entwickelt hatte, sahen wir, daß Oma verschwunden war …«

In der Mitte des Durcheinanders lag ein Buch mit einem Leineneinband – und dann noch eines und noch eines, aus allen hatten sich Seiten mit der charakteristischen Schrift gelöst: »Dann ist die Stimmung im Haus drückend, schläfrig und bleiern; draußen hört man keinen Vogel singen, eine tödliche und bedrückende Stille hängt über allem, und diese Schwere hängt sich an mir fest, als ob ich mitmüßte in eine tiefe Unterwelt … Ich antworte nicht mal mehr, lege mich auf die Couch und schlafe, um die Zeit, die Stille, die schreckliche Angst auch, abzukürzen, denn zu töten sind sie nicht …« In dem allerletzten Buch stand mit derselben merkwürdigen, schrägen Handschrift: »Hinterhaus. Tagebuch von Anne Frank. Vom 17. April 1944 bis …«

Bis zum 4. August 1944. An dem Tag verschwand die Tagebuchschreiberin.

Hélène Carrère d'Encausse
Lenins geistiger Verfall

Lenins Persönlichkeit wurde von zwei ganz widersprüchlichen Zügen gekennzeichnet: einem eisernen und unerschütterlichen Willen auf der einen und schwachen Nerven auf der anderen Seite. Dieses zweiten Zuges war er sich durchaus bewußt: In einem Brief an seine Schwester Maria von 1917 spricht er beispielsweise von seinen »unheilbar schlechten Nerven«. Und wie Wolkogonow hervorhebt, fanden sich zwischen seinen Papieren auch zahlreiche Adressen von Nervenärzten. Schon vor der Revolution war er aus nervlichen Gründen mehrfach gezwungen gewesen, seine politischen Aktivitäten zu unterbrechen und Erholungspausen einzulegen. Die Revolution, die gewaltige neue Aufgabenlast und der Ereignisdruck beeinträchtigten sein seelisches Gleichgewicht noch stärker. Und nun konnte er nicht einmal mehr auf das bewährte Genesungsrezept Krupskajas zurückgreifen: Lange Ferien und Ausflüge in die stille Natur. Ständige Anspannung war wohl eine der Ursachen für seine irreversible Gehirnerkrankung, deren Symptome sich schon Ende 1921 bemerkbar machten. Seit dieser Zeit erlitt Lenin periodisch Anfälle, die ihn beim Arbeiten stark beeinträchtigten und ihn fast ein Jahr vor seinem Tod endgültig an der Ausübung der Macht hinderten.

Erste Anzeichen dieser Erkrankung treten im Sommer 1921 auf. Lenin ist äußerst reizbar und vollkommen erschöpft – das Ergebnis der gewaltigen Anspannung während der Zeit der großen Hungersnot, als sich seine bisherige Politik als katastrophaler Fehlschlag erweist. Sich jetzt zu schonen kommt für ihn nicht in Frage: In diesen Monaten, in denen sich scheinbar ganz Rußland gegen seine Revolution verschworen hat, wird er als Entscheidungsträger so dringend gebraucht wie nie zuvor. Diese dauernde Überanstrengung hat ihren Preis. Am 25. Mai 1922 sorgt ein Anfall dafür, daß er eine Zeitlang nicht mehr an den Regierungsge-schäften teilnehmen kann. Aber diesmal handelt es sich nicht um einen Erschöpfungszustand oder eine Depression. Sein Leiden ist nach Doktor Kramer, einem behandelnden Arzt, vielmehr »auf eine schwere Gefäßerkrankung des Ge-hirns zurückzuführen«.

Lenin ist krank. An seinem Bett drängen sich russische und ausländische Ärzte. Erst im Oktober kann er seine Amtsgeschäfte wieder aufnehmen, allerdings nur für kurze Zeit. Bei seinem Auftritt vor dem IV. Kongreß der Komin-tern (4. November bis 5. Dezember) fällt den Teilnehmern eine Veränderung auf. Der Revolutionsführer wirkt ange-schlagen, er trägt seine Rede kraftlos und ohne Feuer vor. Vor allem hält er sich während der Diskussionen zurück. Dies könnte allerdings auch auf seine veränderte Rolle zurückzuführen sein, denn als Staats- und Regierungschef muß er sich auf den Versammlungen der Weltpartei der Re-volution Zurückhaltung auferlegen. Trotz der Erschöpfung geht es ihm noch so gut, daß er seine einstündige Rede auf deutsch halten kann, ohne zu stocken oder sich zu verhas-peln. Er selbst erlebt die Situation allerdings anders, wie er den Ärzten später anvertraut: Er habe das Gefühl gehabt, plötzlich nicht mehr weiterzuwissen, außerdem hätten ihn Krämpfe in den Beinen fast dazu gezwungen, seine Rede ab-zubrechen. Jedenfalls kann man sagen, daß den Beobachtern im Dezember 1922 ein völlig anderer Lenin entgegentritt, so-wohl in körperlicher Hinsicht als auch mit Blick auf seine in-zwischen selten gewordenen Redebeiträge. Geistig erscheint er zwar unversehrt, aber der feurige Redner von einst trägt seine Worte jetzt eher bedächtig vor. Auch steht er am Rande eines weiteren Zusammenbruchs. Ab dem 13. Dezember deuten mehrere Anzeichen auf einen drohenden Schlaganfall hin, der sich dann am 16. Dezember ereignet. Lenin ist von da an gelähmt und muß auf jede politische Aktivität verzich-ten – allerdings macht er sich weiterhin Gedanken und fällt Entscheidungen. Er verlangt, über alles auf dem laufenden gehalten zu werden, und streitet sich mit den Ärzten, die ihn zur Ruhe zwingen wollen. Im Hader befindet er sich auch mit dem Politbüro, das seit Juli allein darüber befinden will, an welchen Sitzungen es ihn noch teilnehmen läßt. Der behinderte Revolutionsführer erträgt es nicht, daß er wie ein Kind bevormundet wird. Er verlangt die Entlassung der deutschen Ärzte. Und er beklagt sich erneut darüber, daß man sein Recht einschränken will, politischen Besuch zu empfangen. Beschwerden dieser Art hat er bereits im Sommer 1922 gegenüber Stalin geäußert – in einem freundschaftlichen Ton, was darauf hindeutet, daß der von ihm designierte Generalsekretär der Partei zu dieser Zeit noch sein Vertrauen genießt.

In der Zeit von Dezember 1922 bis März 1923 befaßt Lenin sich trotz seines Zustandes mit einer ganzen Reihe von Problemen. Zwischen dem 6. und dem 10. März erleidet er weitere Anfälle, die Sprachstörungen nach sich ziehen. Diesmal ist die Behinderung unumkehrbar. Er kann weder sprechen noch schreiben, und gerade letzteres hat er sein ganzes Leben lang mit Begeisterung getan. Zudem ist er vollständig gelähmt. Das verzweifelte Bemühen seiner Frau, ihm das Sprechen wenigstens ansatzweise wieder beizubringen, und die Arbeit einer beachtlichen Anzahl von Ärzten bringen geringfügige Fortschritte. Im Oktober 1923 transportiert man ihn von seinem ländlichen Aufenthaltsort bei Moskau in den Kreml zurück. Dort kann er einen letzten Blick in die Räume werfen, von denen aus er einst eine gewaltige Macht ausgeübt hat. Am 21. Januar 1924 stirbt er schließlich. Bis dahin ist er aus dem politischen Leben bereits ausgeschlossen und nicht mehr bei klarem Verstand – entgegen der ärztlichen Bulletins und der zuweilen optimistischen Berichte, wonach sich sein Gesundheitszustand gebessert habe und er möglicherweise zu den Staatsgeschäften würde zurückkehren können.

Seit dem 10. März 1923 hat sich hinter den offiziellen Berichten zu Lenins Gesundheitszustand eine völlig andere Realität verborgen. Darauf deuten das medizinische Fachgutachten nach seinem Tod, die Berichte der Ärzte und zahlreiche Äußerungen aus seinem Umfeld hin. »Lenins Gehirn stirbt«, so die Schlußfolgerung, die der Maler Annenkow nach einem Krankenbesuch im Dezember 1923 gezogen hat. Er traf Lenin »auf einer Chaiselongue in eine Decke gewickelt« an. Lenin sah durch seinen Besucher hindurch. Auf seinen Lippen lag das »entwaffnende, verzerrte Lächeln eines Mannes, der in die Kindheit zurückgefallen ist«. Diese Annahme ist auf jeden Fall wahrscheinlich: Die letzten Fotos zeigen einen an den Rollstuhl gefesselten Lenin im Park von Gorki. Besonders auffallend ist der völlig abwesende Blick. Lenin hat mit dem Vater der russischen Revolution nur noch eine vage Ähnlichkeit.

Lenins Krankheit, vor allem da sie ab Mai 1922 mit einem geistigen Verfall einhergeht, ist zwar eine Sache seiner Privatsphäre. Aber sie ist auch in dem Maße von Belang, in dem sie politische Auswirkungen hatte. Denn Lenin hat noch mindestens bis zum Winter 1922/1923 wichtige Entscheidungen getroffen und anschließend eine Art politisches »Testament« formuliert. Diese Verfügungen müssen auch im Licht der nachlassenden Geisteskräfte gesehen werden. So muß man sich fragen, inwieweit der Verfall des Kranken, der noch bis Ende März 1923 außergewöhnlichen Einfluß hatte, seine Persönlichkeit verändert und sein Urteilsvermögen getrübt hat.

Die Ausweisung der Intellektuellen

Im Mai 1922, wenige Tage vor seinem ersten Schlaganfall, fordert Lenin Dserschinski in einem Schreiben auf, die GPU (die Bezeichnung der Tscheka ab 1922) solle eine Liste von Intellektuellen – Schriftstellern und Professoren – erstellen, die konterrevolutionärer Sympathien verdächtigt würden. Ziel sei deren Ausweisung aus Rußland. Dserschinski hat es zunächst nicht sehr eilig, die Mitarbeiter seiner Behörde Veröffentlichungen daraufhin überprüfen zu lassen, ob sich die jeweiligen Verfasser als Opfer einer Deportationskampagne eignen. Im Juli 1922 hakt Lenin – zu dieser Zeit kann er seine Aufgaben nicht wahrnehmen – noch einmal nach. Jetzt verlangt er von Stalin Auskunft darüber, warum die Operation, die er vor seinem Schlaganfall angeordnet hatte, noch immer nicht durchgeführt worden sei. Er nennt Namen von Sozialrevolutionären und Menschewiki und ordnet an: »Einige Hundert müssen auch ohne Begründung verhaftet werden; hinaus mit Ihnen, meine Herren!« Lenins Ungeduld ist groß. Am 17. September 1922 – er befindet sich noch immer im krankheitsbedingten Urlaub – fordert er schließlich von Dserschinskis Stellvertreter Unschlicht Rechenschaft: »Veranlassen Sie bitte, mir alle beiliegenden Blätter mit Vermerken darüber zurückzuschicken, wer ausgewiesen wurde, wer einsitzt, wer von der Ausweisung verschont blieb und warum dies geschah.« Am 13. Dezember, dem Tag, an dem er den ersten einer ganzen Serie von Schlaganfällen erleiden wird, kommt er in einem für das ZK bestimmten Brief an Stalin auf die Angelegenheit zurück. Er beschwert sich, daß der menschewistische Historiker N. A. Roshkow, eine eher unbedeutende Figur, noch immer nicht ausgewiesen sei. Das solle schleunigst passieren. Daß Lenin dem Fall Roshkow im Dezember 1922 so große Beachtung schenkt, obwohl zu dieser Zeit sehr viel dringendere Angelegenheiten anstehen, deutet darauf hin, daß es sich hier eher um eine Obsession als um ein konsequentes politisches Vorhaben gehandelt hat. Allerdings steht diese Obsession bei der Verfolgung Andersdenkender völlig im Einklang mit seiner allgemeinen Einstellung gegenüber der Freiheit des Geistes.

Die Ausweisung der Intellektuellen löst bei Gorki, der sich zu dieser Zeit in Deutschland aufhält, eine heftige Reaktion aus. In einem Brief teilt er Lenin seine Besorgnis mit. Lenins Antwort an den Mann, den er bisher möglichst schonend behandelt hat, ist für seine autoritäre Haltung in dieser wie in vielen Fragen typisch. Am 15. September 1922 schreibt er ihm:

»Die intellektuellen Kräfte der Arbeiter und Bauern wachsen im Kampf gegen die Bourgeoisie und ihre Helfershelfer, die sogenannten Intellektuellen, diese Lakaien des Kapitals, die sich als das Gehirn der Nation wähnen. In Wirklichkeit sind sie doch nur der Unrat der Nation.«

Zwar muß die Besessenheit, mit der Lenin gegen die geistige Elite Rußlands vorgeht, ganz offensichtlich im Zusammenhang mit seiner Erkrankung gesehen werden. Trotzdem werden seine Anweisungen sofort von Stalin an Dserschinski weitergeleitet und ausgeführt. Denn noch immer übt er die Herrschaft aus, daran zweifelt er nicht. Die von ihm verlangte Ausweisung von Intellektuellen zeigt freilich einmal mehr seine Unfähigkeit, irgendeine Form von Opposition zu akzeptieren – nicht einmal in den Stunden des Zweifels oder der Verzweiflung: Schon verlangt Lenin nach Gift, um seinem Leben ein Ende zu setzen. Bereits 1922 schwankt er phasenweise zwischen der Hoffnung, wieder auf die Beine zu kommen und arbeiten zu können, und Augenblicken, in denen er an eine Genesung nicht mehr glaubt.

Wie überdauern? *(Prodershazia)*

In den langen Monaten, die Lenin abseits der Schaltzentrale der Macht verbringt, wird er von seiner Frau und seinen Sekretärinnen über die politischen Ereignisse im Land informiert. Da seine Kollegen seine Autorität benötigen, auch wenn er sie nicht mehr real ausüben kann, nähren sie den Mythos von seiner baldigen Rückkehr in die Regierung. Im Gegenzug müssen sie ihn über die Regierungsgeschäfte auf dem laufenden halten, seine Fragen beantworten und seine Anweisungen befolgen, wie der Fall der Ausweisung der Intellektuellen zeigt. So befindet Lenin sich in den Jahren 1922 und 1923 in einer für einen Machthaber außergewöhnlichen Situation: An der Ausübung seiner Aufgaben gehindert, aber moralisch präsent und durch die Möglichkeit einer Rückkehr gestärkt, kann er sich in aller Ruhe über den Gang der Ereignisse und über sein zurückliegendes Lebenswerk Gedanken machen. Und da er faktisch noch an der Macht ist, kann er theoretisch sogar an der weiteren Gestaltung des politischen Systems mitwirken, Fehler beseitigen und manche Entwicklung beschleunigen. Diese Betrachtungen aus der »Ferne«, die Staatsmännern sonst erst nach dem Rückzug ins Privatleben vergönnt sind, konnte Lenin noch in der Position der Macht entwickeln, und darin liegt die Bedeutung seines letzten Lebensabschnitts. Vor allem das Wesen der Staatsmacht, die er geschaffen hat, veranlaßt ihn in den letzten Monaten, in denen er noch bei klarem Verstand ist, zu Überlegungen – Reflexionen, an denen andere teilhaben können, weil er sie noch niederschreiben oder vielmehr diktieren kann. Nachdem er im Januar 1923 Suchanows Aufzeichnungen gelesen hat, verfaßt er einen wütenden Kommentar. Ist die Revolution angesichts der russischen Gegebenheiten zu früh erfolgt? Nein, antwortet Lenin, denn man mußte diese Gelegenheit beim Schopf ergreifen. Wenn er auf Suchanows Kritik so empfindlich reagiert und ihr seine voluntaristische Sichtweise gegenüberstellt, so wohl auch deshalb, weil er gerade in diesem Augenblick eine Periode des Zweifels durchlebt. In dem Land, dessen Geschicke er jetzt nicht mehr lenken kann, ist der Sozialismus nach seiner Einschätzung auf zwei entscheidende Hindernisse gestoßen: auf das Ausbleiben der erhofften Weltrevolution und auf innere Schwierigkeiten. Am 2. März 1923 zieht er in *Lieber weniger, aber besser*, der letzten Schrift, die er noch formulieren kann, bevor ihm ein weiterer Schlaganfall jede Möglichkeit nimmt, sich auszudrücken, eine düstere Bilanz der Situation:

»Wir haben die kapitalistische Industrie zerschlagen, haben alles getan, um die mittelalterlichen Einrichtungen, den gutsherrlichen Grundbesitz auszurotten, und haben auf diesem Boden eine Klein- und Zwergbauernschaft hervorgebracht, die dem Proletariat folgt, weil sie Vertrauen zu den Ergebnissen seiner revolutionären Arbeit hat. Mit diesem

Vertrauen jedoch bis zum Sieg der sozialistischen Revolution in den höher entwickelten Ländern durchzuhalten, ist für uns nicht leicht (...).«

Nachdem er die Bauern als Feinde behandelt und ohne ein Wort des Mitleids die Tragödie der Hungersnot beobachtet hat, befürchtet Lenin mit Blick auf die Zukunft seines Lebenswerkes plötzlich eine mögliche Spaltung zwischen Proletariat und Bauernschaft. Diese Spaltung würde »für die Sowjetrepublik verhängnisvoll« sein.

In seiner Analyse kommt er letztlich zu einem ähnlichen Ergebnis wie Suchanow. Deshalb fragt er sich nach dem Wesen des Sozialismus unter diesen prekären Umständen. Seine Antwort ist die gleiche wie früher: Hinter dem Sozialismus steht ein politischer Wille, eine Entscheidung, die auf jeden Fall umgesetzt werden muß. Getreu seinen früheren Überzeugungen bekräftigt er 1923 den Primat des Politischen. Aufgabe der Genossen und der Regierenden ist es, den Fortschritt in Rußland voranzutreiben und seine wirtschaftliche Infrastruktur dem 1917 errichteten Herrschaftssystem anzugleichen. Auch in dieser letzten Schrift begreift Lenin den vollendeten Sozialismus – wie stets seit 1917 – als eine Machtfrage, nicht als Ergebnis des Willens der Gesellschaft oder der kollektiven Anstrengungen der Menschen. Seine Nachfolger haben die Aufgabe, zu organisieren und zu regieren: Das sind seine letzten Empfehlungen.

Lenins Instruktionen an seine Nachfolger betreffen verschiedene Fragen: die Rückständigkeit des Landes, die hochkomplexe Nationalitätenfrage und den bestehenden Konflikt zwischen Staatsmacht und Gesellschaft. Daß die Massen sich nicht an die neue politische Ordnung anpassen können, hänge mit der geistigen Rückständigkeit in Rußland zusammen. Dieser Rückstand müsse durch eine Kulturrevolution bezwungen werden, dies betont Lenin immer wieder. Die Revolution der Mentalitäten, des Bewußtseins, sieht er dabei allerdings – wie seine Verurteilung des Proletkultes bereits hinreichend gezeigt hat – aus einer durch und durch traditionellen Perspektive: »Alphabetisieren, freiwillig oder mit Gewalt.« – »Lesen und schreiben lernen und verstehen, was gelesen wird.« – »Man hält uns hochtrabende Reden über die proletarische Kultur. Fangen wir an, uns eine gute bürgerliche Kultur zuzulegen!« Rußland, betont er, befinde sich im Jahr 1923 dagegen vielmehr in einem Zustand der »halbasiatischen Kulturlosigkeit«. Um von da zu einem minimalen Kulturniveau zu gelangen, müsse man »eine ganze Epoche der Kulturentwicklung durchlaufen«.

Auf dem Land müßten begleitend zur Kulturrevolution Strukturen entstehen, die von den Bauern auch angenommen würden. Denn sie verstünden nichts vom Kommunismus. Diese Strukturen gehen für ihn vom »Genossenschaftswesen« aus, dem er im Januar 1923 ebenfalls eine ausführliche Erörterung widmet. Er verurteilt den Gedanken, »den Kommunismus ins Dorf zu verpflanzen«. Ein solches Ziel hieße, »der Sache Schaden statt Nutzen bringen«. Statt dessen präsentiert er die Genossenschaft als langfristige Grundlage für den Fortschritt der ländlichen Gesellschaft. Zwar seien auch die Industrialisierung, die Elektrifizierung und der Ausbau der Staatsmacht wichtig. Aber das Wesentliche liege in der NEP, denn sie ermögliche den »genügend breiten und tiefen Zusammenschluß der russischen Bevölkerung«, den die Kommunisten bräuchten. In der Genossenschaft entdeckt Lenin dann auch abschließend die Dimension des aufzubauenden Sozialismus: »Aber ein System zivilisierter Genossenschaftler bei gesellschaftlichem Eigentum an den Produktionsmitteln, beim Klassensieg des Proletariats über die Bourgeoisie – das ist das System des Sozialismus.«

Mit dieser Gleichsetzung von Genossenschaftswesen und Sozialismus gibt Lenin der NEP eine echte theoretische Grundlage. Konnte man sich 1921 noch fragen, welche Bedeutung sie für ihn hatte – Atempause oder dauerhafte Lösung –, so deutet diese Schrift nun eher darauf hin, daß sie als Dauerlösung gemeint war, die es dem System ermöglichen sollte, zu überleben – *prodershazia*. Dieser Begriff taucht in Lenins Überlegungen der letzten Lebensmonate dann auch immer wieder auf.

Wer kann diesem Genossenschaftswesen Kraft geben? Ihm Leben einhauchen? Ihm eine Richtung geben? Lenins Antwort ist klar: Es ist der Staat, der die Weichen für das Wirtschaftswachstum stellt, die Richtung vorgibt und die Mittel mobilisiert. Lenin macht deutlich, daß er 1923 im Gegensatz zu den Illusionen von 1920 und 1921 in dieser Politik der Aufrechterhaltung des genossenschaftlichen Sozialismus ein langsames Voranschreiten, einen *langen* Prozeß sieht, weist aber zugleich auch auf die Risiken hin: Wie kann vermieden werden, daß die Staatsmacht sich auflöst? Daß sie in den Interessensgegensätzen zwischen Arbeitern und Bauern zerrieben wird? Daß sie durch Forderungen aus dem Volk geschwächt wird?

Die einzige Garantie, die Revolution und den Sozialismus vor solchen Gefahren zu schützen, bietet für Lenin 1923 wie schon damals 1902 die Partei. Diese Partei ist zwar verändert, erweitert und an die Ausübung der Macht angepaßt, aber sie bleibt das reale Instrument der Ausübung der Staatsmacht. Um sie zu stärken und innere Konflikte oder gar eine Spaltung zu verhindern, gibt es für Lenin nur ein Mittel: die Führungsorgane personell zu verstärken und ihre Machtbefugnisse zu erweitern. Am 23. Dezember 1922 schlägt er eine Reform der Parteispitze vor: eine Erweiterung des Zentralkomitees von bisher weniger als 30 auf ungefähr 100 Mitglieder. Dabei solle diesem eine Zentrale Kontrollkommission aus mindestens 65 Mitgliedern beigefügt werden. Beide Gremien zusammen würden dann ein neues Zentralkomitee von fast 200 Mitgliedern bilden, das sechsmal im Jahr zusammentreten solle.

Was ist der Anlaß für diese Vorschläge? Lenin erklärt es selbst: Es sind seine Erkenntnisse vom Herbst 1922, als er für kurze Zeit an die Macht zurückkehrte. Damals war er schockiert über die persönlichen Rivalitäten, die sehr viel offener ausgetragen wurden als in der Vergangenheit. Gleichzeitig stellte er einen Wildwuchs an Verwaltungsorganen fest; außerdem eine wachsende Rivalität zwischen Regierung und Partei. Mit einer Umgestaltung des Zentralkomitees hofft er, persönliche Rivalitäten in einem größeren Gremium auszuschalten und diesem dann neue Verantwortlichkeiten zu übertragen, zu denen Regierungs-, aber auch Parteiaufgaben gehören. Lenin hatte seit 1917 mit dazu beigetragen, die Regierung auf Kosten der Partei zu stärken. Sein jetziges Vorhaben zielt letztlich darauf ab, die Partei wieder ins Zentrum des politischen Systems zurückzuholen, womit er die Debatte um die jeweiligen Aufgaben von Staat und Partei zu ihren Gunsten entscheidet.

Die Partei, so meint Lenin 1923, müsse jetzt, da das Land in eine neue Phase eintrete, einen geeigneten Staatsapparat aufbauen, und zur Erfüllung dieser Aufgabe eigne sich besonders die Zentrale Kontrollkommission. Muß der Staatsapparat, den er reformieren will, nicht einer dauernden Kontrolle unterliegen? Aber wie soll diese Kontrolle aussehen? 1923 erkennt Lenin zwar deren dringende Notwendigkeit, ist aber – möglicherweise auch krankheitsbedingt – nicht in der Lage, sich andere Lösungen vorzustellen als die schon bekannten. 1920 hatte er die Arbeiter- und Bauerninspektion *(Rabkrin)* eingerichtet, die unter Stalins Führung die gesamte Verwaltung kontrollieren sollte. Nach Stalins Ausscheiden 1922 entwickelte sie sich zu einer schwerfälligen, bürokratischen und vollkommen ineffizient arbeitenden Behörde mit 12 000 Beamten. Zur Zeit der NEP gedeiht der bürokratische Wildwuchs also ausgerechnet in dem Organ, das dem Kampf gegen die Bürokratie hatte dienen sollen! Lenin fragt sich deshalb 1923, wie die Arbeiter- und Bauerninspektion reorganisiert werden könnte. Zwischen dem 9. und 14. Januar diktiert er *Materialien* und anschließend seinen Vorschlag zur Restrukturierung des Gremiums. Gedacht ist die Schrift für den XII. Parteitag, der vom 17. bis zum 25. April stattfinden wird. Zu diesem Zeitpunkt wird Lenin wegen seiner Erkrankung aus dem politischen Leben bereits endgültig ausgeschieden sein.

Das wirkungsvollste Mittel zur Eindämmung des bürokratischen Wildwuchses hätte ohne Zweifel darin bestanden, die Bürokratie einer gewissen Kontrolle durch das Volk zu unterwerfen. Aber daran denkt Lenin zu keinem Zeit-punkt. Sein Vorschlag an die Partei zur Entbürokratisierung ist wiederum bürokratischer Art: Die *Rabkrin* solle auf eine kleinere Anzahl von Funktionären reduziert werden, die dann Staat und Partei kontrollieren würden. Zur Kontrolle der staatlichen Verwaltung solle sie mit der Zentralen Kontrollkommission ein gemeinsames Gremium bilden. Ein paradoxer Vorschlag: Ein neues bürokratisches Organ, eine Art »Überbürokratie«, soll die herrschende Bürokratie bekämpfen! Lenin setzt sich damit für die Schaffung einer »administrativen Avantgarde« nach dem Vorbild der revolutionären Avantgarde aus *Was tun?* ein. Das Prinzip ist in beiden Fällen das gleiche: Da das gesellschaftliche Bewußtsein hinter den politischen Vorhaben und Möglichkeiten herhinkt, soll es durch eine bewußte Elite zum anvisierten Ziel »gezogen« werden. Von dieser administrativen Elite erwartet Lenin die gleichen Tugenden wie von der Elite der Partei: Disziplin, Organisationsvermögen, Loyalität und ein Bewußtsein für die historische Aufgabe.

Lenin verwendet seine letzten Kräfte noch auf eine weitere, ebenso wichtige Frage: das Nationalitätenproblem. Die georgische Krise von 1922 hat ihm deutlich vor Augen geführt, daß bei den Kommunisten nationale Widerstände und nationale Gefühle fortbestehen. Zwar hat er Stalin seine Sichtweisen zur Föderation und den notwendigen Zugeständnissen an die kaukasischen Nationalisten aufgezwungen. (Bei ihnen handelt es sich um Kommunisten, da nach der Annexion Georgiens und während des Konfliktes von 1922 nur noch Parteimitglieder in der Regierung sind.) Dieser erbitterte Kampf und die heftigen Wortgefechte zwischen Kommunisten haben Lenin tief erschüttert. Seine Aufzeichnungen vom 30. und 31. Dezember verdienen unter anderem auch deshalb besonderes Interesse, weil er darin – was sehr selten vorkommt – eigene Fehler einräumt. Sein Eingeständnis an dieser Stelle ist ergreifend, aber es verschleiert einmal mehr die im Grunde bestehende Übereinstimmung mit den Hardlinern in der Zentralgewalt. Er bekennt, den hartnäk-

kig sich haltenden Großmachtchauvinismus und die Herren-
mentalität der russischen Bürokraten unterschätzt zu haben,
die einer tatsächlichen Lösung des Nationalitätenproblems
im Wege stehen. Sehr genau sieht er, daß dafür nicht nur
Ewiggestrige und Rückständige verantwortlich sind, daß
vielmehr die höchsten Führer der Partei als Erben des alten
imperialistischen Denkens auftreten. Um diese Fehlentwick-
lung zu korrigieren, propagiert er eine Politik, bei der gerade
die unterdrückten kleinen Nationen von gestern bevorzugt
werden sollen – gewissermaßen eine *affirmative action,* ein
Antidiskriminierungsprogramm.

Aber diese scharfsinnige Analyse der nationalen Widerstände und die Vorschläge zu ihrer Überwindung können
über das eigentliche Problem nicht hinwegtäuschen: Lenin
glaubt nicht an die Autonomie des Nationalitätenproblems.
Seine Strategie ist durchaus mutig, aber sie zielt letztlich nur
auf den Untergang der Nationen. Und das Instrument dieses
Untergangs bleibt die Partei. Natürlich erkennt er, daß diese
im Umgang mit den Nationen große Fehler macht. Dennoch
überträgt er dieser Partei, die wie er Schuldgefühle hat, nun
die Aufgabe, die eigenen Fehler zu korrigieren und dafür zu
sorgen, daß sich ein echter Internationalismus entwickeln
kann. Lenin folgt hier der gleichen Linie in der Frage der Ar-
beiter- und Bauerninspektion: Er erkennt zwar klar die
Schwächen der Partei und ihrer Führer, sieht aber dennoch
in ihrer obersten Führung die Hoffnungsträger der Zukunft.
Alle seine Direktiven zielen auf die Stärkung der Partei durch
eine Weiterentwicklung ihrer Organe und ihrer Kontrolle.

Bei einer eingehenden Betrachtung fällt an Lenins Gedanken in den Jahren 1922 und 1923 eine Neuerung auf: die
verzweifelte Feststellung, daß er mit seinen Vorhaben vollständig oder fast vollständig gescheitert ist. Nicht neu sind
dagegen seine Rezepte zur Überwindung des Mißerfolges.
Obwohl er die Mängel mit klarem Blick erkennt, gelingt es
ihm bei der Suche nach Lösungen nicht, die eingefahrenen
Wege zu verlassen. Ist es die Krankheit, die sein Denken täglich weiter schwächt? Oder das System eines Denkens, das

trotz scharfsinniger Analysen immer wieder in die Sackgasse führt? Der grundfalsche Charakter seiner Lösungen und deren fatale Folgen für sein Land und sein Volk werden wahrhaft historische Dimensionen erreichen.

Die Quellen

Zugunsten leichterer Lesbarkeit wurden Zitatverweise, die sich in einigen Originaltexten befinden, in den Auszügen weggelassen. Sollten Sie Stellen daraus zitieren wollen, greifen Sie bitte auf die im Folgenden aufgeführten Originalbände zurück.

MUSIKALISCHES SOLO

Harald Eggebrecht: Große Geiger. Piper, München 2000, S. 437–451.

GLAUBEN UND ERKENNEN
Aus Religion und Philosophie

Hans Küng: Spurensuche. Die Weltreligionen auf dem Weg. Piper, München 1999, S. 7–9, 156–162.

Reinhard Barth, Friedemann Bedürftig: Taschenlexikon Päpste. Piper, München 2000, S. 5–7, 211–212, 284–286. Serie Piper 3042.

Heinz Zahrnt: Glauben unter leerem Himmel. Piper, München 2000, S. 249–257.

Karl Jaspers: Was ist der Mensch? Philosophisches Denken für alle. Herausgegeben von Hans Saner. Piper, München 2000, S. 81–89.

Robert C. Solomon/Kathleen M. Higgins: Eine kurze Geschichte der Philosophie. Aus dem Amerikanischen von Sonja Hauser. Piper, München 2000, S. 197–205.

PSYCHOLOGISCHES SOLO

Paul Watzlawick/Giorgio Nardone (Hg.): Kurzzeittherapie und Wirklichkeit. Aus dem Englischen und Italienischen von Michael von Killisch-Horn. Piper, München 1999, S. 11–15, 135–144.

FORSCHEN UND ENTDECKEN
Aus den Naturwissenschaften

John und Mary Gribbin: Richard Feynman. Die Biographie eines Genies. Aus dem Englischen von Thorsten Schmidt. Piper, München 2000, S. 175–180, 311–315.

Bob Brier: Der Mordfall Tutanchamun. Aus dem Amerikanischen von Wolfgang Schuler. Piper, München 2000, S. 225–227, 231–239.

Ernst Peter Fischer: Leonardo, Heisenberg & Co. Eine kleine Geschichte der Wissenschaft in Porträts. Piper, München 2000, S. 148–159.

John Gribbin: Wissenschaft für die Westentasche. Aus dem Englischen von Thorsten Schmidt. Piper, München 2000, S. 20–21, 24–25, 28–29, 86–87, 92–93.

Sylvia Nasar: Auf den fremden Meeren des Denkens. Das Leben des genialen Mathematikers John Nash. Aus dem Amerikanischen von Cäcilie Plieninger und Anja Hansen-Schmidt. Piper, München 1999, S. 11–14, 19, 23–27.

ÖKONOMISCHES SOLO

Pino Arlacchi: Ware Mensch. Der Skandal des modernen Sklavenhandels. Aus dem Italienischen von Enrico Heinemann. Piper, München 2000, S. 13–17, 83–85, 98–103.

HANDELN, ERLEBEN, ERLEIDEN
Aus Geschichte und Politik

Heinz Ohff: Preußens Könige. Piper, München 1999, S. 7–9, 335, 342–347.

Ferdinand Seibt: Das alte böse Lied. Rückblicke auf die deutsche Geschichte 1900 bis 1945. Piper, München 2000, S. 284–292.

Hannah Arendt: Vor Antisemitismus ist man nur noch auf dem Monde sicher. Beiträge für die deutsch-jüdische Emigrantenzeitung »Aufbau« 1941–1945. Herausgegeben von Marie Luise Knott. Piper, München 2000, S. 150–154.

Carol Ann Lee: Anne Frank. Die Biographie. Aus dem Englischen von Bernd Rullkötter und Ursel Schäfer. Piper, München 2000, S. 13–22.

Hélène Carrère d'Encausse: Lenin. Aus dem Französischen von Enrico Heinemann. Piper, München 2000, S. 462–473.

Die Autoren

Hannah Arendt, 1906 in Hannover geboren, 1975 in New York gestorben. Studium der Philosophie und Theologie sowie des Altgriechischen, 1928 Promotion bei Karl Jaspers. 1933 Emigration nach Paris, 1941 nach New York. 1963 Professorin an der University of Chicago, ab 1967 an der New School for Social Research in New York.

Pino Arlacchi, 1951 in Gioia Tauro geboren, weltweit anerkannter Experte für organisierte Kriminalität. Seit 1997 als stellvertretender Generalsekretär der Vereinten Nationen in Wien zuständig für Internationale Verbrechensbekämpfung.

Reinhard Barth, 1943 in Hamburg geboren. Studium der Geschichte, Germanistik und Philosophie. Er arbeitet für historische Zeitschriften und Lexika und lebt in Hamburg.

Friedemann Bedürftig, 1940 in Breslau geboren, studierte Geschichte und Germanistik. Lebt als Verfasser zahlreicher historischer Lexika und anderer Publikationen in Hamburg.

Bob Brier, 1944 geboren, Professor an der Long Island University, New York. Spezialist für Paläopathologie, der Erforschung von Krankheiten in der Antike. Mehrere Veröffentlichungen über Autopsien an Mumien.

Hélène Carrère d'Encausse, als eine der besten Kennerinnen der russischen Geschichte geltend, war Professorin an der Sorbonne und hat seit 1985 eine Professur am Institut d'Etudes Politiques in Paris inne. 1999 wurde sie als erste Frau Präsidentin der Académie française, deren Mitglied sie seit 1990 ist.

Harald Eggebrecht, 1946 in Helmstedt geboren. Studium der Literatur-, Musik- und Kunstwissenschaft, 1978 Promotion.

Danach Redakteur bei Funk und Presse. Lebt als freier Autor in München.

Ernst Peter Fischer, 1947 in Wuppertal geboren, studierte Physik und Biologie. 1977 Promotion, 1986 Habilitation an der Universität Konstanz, wo er Professor für Geschichte der Naturwissenschaften ist. Außerdem Professor an der privaten Hochschule in Holzen.

John Gribbin, 1946 in Maidstone/Kent geboren. Physik- und Astronomie-Studium. Mitarbeit bei »Nature«, »New Scientist« und »The Times«. Dozent an der Universität Sussex und Autor zahlreicher Sachbücher.

Mary Gribbin, 1953 in Maidstone/Kent geboren, studierte Entwicklungspsychologie an der Universität Sussex. Sie ist Lehrerin und Autorin von Jugendsachbüchern sowie mehrerer populärwissenschaftlicher Bücher.

Kathleen M. Higgins, 1954 in St. Petersburg/Florida geboren, Professorin für Philosophie an der University of Texas in Austin. Zahlreiche Veröffentlichungen in Zusammenarbeit mit Robert C. Solomon.

Karl Jaspers, 1883 in Oldenburg geboren, 1969 in Basel gestorben, studierte Jura, Medizin und Psychologie. Ab 1916 Professor für Psychologie, ab 1921 Professor für Philosophie in Heidelberg. 1937 des Amtes enthoben, 1945 wieder eingesetzt. Von 1948 bis 1961 Professur für Philosophie in Basel. Gilt als einer der Hauptvertreter der Existenzphilosophie.

Hans Küng, geboren 1928 in Sursee/Schweiz, emeritierter Professor für Ökumenische Theologie an der Universität Tübingen und Präsident der Stiftung Weltethos. Zahlreiche Veröffentlichungen.

Carol Ann Lee, 1969 in Yorkshire geboren, lebt als Publizistin in Cornwall.

Giorgio Nardone, 1958 in Arezzo geboren. Psychotherapeut, Vertreter des kalifornischen Mental Research Institute in Italien und Direktor des Centro di Terapia Strategica in Arezzo, außerdem Professor für Psychotherapie an der Universität in Siena.

Sylvia Nasar, 1947 in Rosenheim geboren, studierte Wirtschaftswissenschaften in New York und München. Seit 1983 als Journalistin tätig. Lebt als Wirtschaftskorrespondentin der »New York Times« in der Nähe von New York.

Heinz Ohff, Jahrgang 1922, war von 1961 bis 1987 Feuilletonchef des Berliner »Tagesspiegel«. Er ist Autor zahlreicher Bücher und lebt in Berlin und Cornwall.

Hans Saner, 1934 in Großhöchstetten/Schweiz geboren. Studium der Philosophie, Psychologie, Germanistik und Romanistik. Betreuer des Nachlasses von Karl Jaspers, dessen persönlicher Assistent er war. Lebt in Basel.

Ferdinand Seibt, 1927 in Böhmen geboren, emeritierter Professor für Geschichte an der Ruhr-Universität Bochum. Zahlreiche Veröffentlichungen zur europäischen Geschichte.

Robert C. Solomon, 1942 in Detroit geboren. Professor für Philosophie an der University of Texas in Austin. Mehrere Publikationen in Zusammenarbeit mit Kathleen M. Higgins.

Paul Watzlawick, 1921 in Villach geboren. Ausbildung zum Psychotherapeuten am C. G. Jung-Institut in Zürich. Arbeitet seit 1960 am Mental Research Institute in Palo Alto/Kalifornien. Zahlreiche Veröffentlichungen, darunter das Erfolgsbuch »Anleitung zum Unglücklichsein«.

Heinz Zahrnt, 1915 in Kiel geboren. 25 Jahre lang Chefredakteur des »Deutschen Allgemeinen Sonntagsblatts«, seit 1960 im Präsidium des Deutschen Evangelischen Kirchentages. Zu den bekanntesten Titeln seines umfangreichen publizistischen Werkes zählt »Die Sache mit Gott«.

PIPER

Richard P. Feynman
Es ist so einfach

Vom Vergnügen, Dinge zu entdecken. Herausgegeben von
Jeffrey Robbins. Mit einem Vorwort von Freeman Dyson.
Aus dem Amerikanischen von Inge Leipold. 279 Seiten. Geb.

Richard Feynman (1918-1988) hat die Welt verändert – durch
seine genialen Ideen in der Physik, durch seine besondere Art
Dinge zu durchdenken, und seine unnachahmliche Fähigkeit,
anderen Menschen komplizierte Zusammenhänge zu erklären.
Auch dieses Buch läßt seine Leser gleich verstehen, warum der
1988 verstorbene Nobelpreisträger bis heute eine Kultfigur
geblieben ist. »Es ist so einfach«: das ist Originalton Feynman
in zehn kurzen Kapiteln. Sie zählen zum Besten dessen, was er
hinterlassen hat.
Er betrieb Physik aus purer Neugier und Freude daran, herauszufinden wie die Welt funktioniert. Die Logik der Naturwissenschaften, ihre Methoden, die Ablehnung von Dogmen, die
Fähigkeit zu zweifeln, das war es, was Feynman umtrieb.
Feynman zu lesen ist ein Genuß, egal, ob er über Physik, die
Zukunft des Computerzeitalters, über Religion oder Philosophie schreibt.